R215889

Bibliothèque nationale de France. Paris

Littérature et art

V-51722

Robert-Dumesnil, Alexandre-Pierre-François.
Le peintre-graveur français, ou Catalogue raisonné des estampes gravées par les peintres et les dessinateurs de l'école française.
- Paris : G. Warée, 1835. - 285 p..

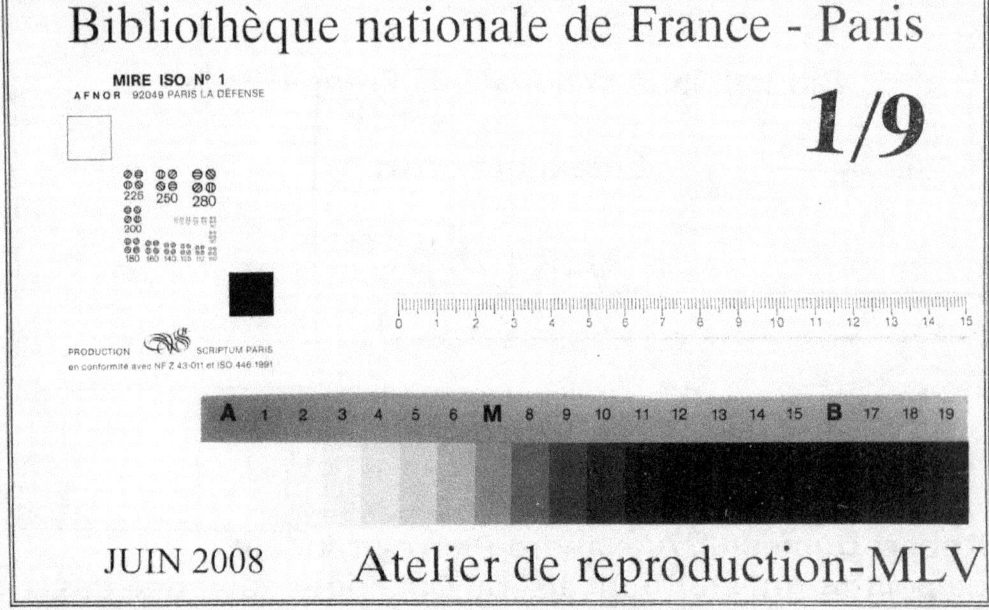

Bibliothèque nationale de France - Paris
1/9
MIRE ISO N° 1
AFNOR 92049 PARIS LA DÉFENSE
225 250 280
200
180
PRODUCTION SCRIPTUM PARIS
en conformité avec NF Z 43-011 et ISO 446 1991
0 1 2 3 4 5 6 7 8 9 10 11 12 13 14 15
A 1 2 3 4 5 6 M 8 9 10 11 12 13 14 15 B 17 18 19
JUIN 2008
Atelier de reproduction-MLV

BIBLIOTHEQUE NATIONALE DE FRANCE - PARIS

Direction des collections

A l'exception des reproductions effectuées pour l'usage privé du copiste, les œuvres protégées par le code de la propriété intellectuelle ne peuvent être reproduites sans autorisation de l'auteur ou de ses ayants droit.

Dans l'intérêt de la recherche, les utilisateurs de la présente microforme sont priés de signaler au département de la Bibliothèque nationale de France détenteur du document les études qu'ils entreprendraient et publieraient à l'aide de ce document.

51722

LE PEINTRE-GRAVEUR FRANÇAIS.

R 215883

PARIS, IMPRIMERIE DE Mme HUZARD (NÉE VALLAT LA CHAPELLE),
rue de l'Eperon, n° 7.

LE PEINTRE-GRAVEUR

FRANÇAIS,

OU

CATALOGUE RAISONNÉ DES ESTAMPES

GRAVÉES

PAR LES PEINTRES ET LES DESSINATEURS

DE L'ÉCOLE FRANÇAISE.

OUVRAGE FAISANT SUITE AU PEINTRE-GRAVEUR DE M. BARTSCH.

Par A.-P. F. ROBERT-DUMESNIL.

J'aurai du moins l'honneur de l'avoir entrepris.
LA FONTAINE.

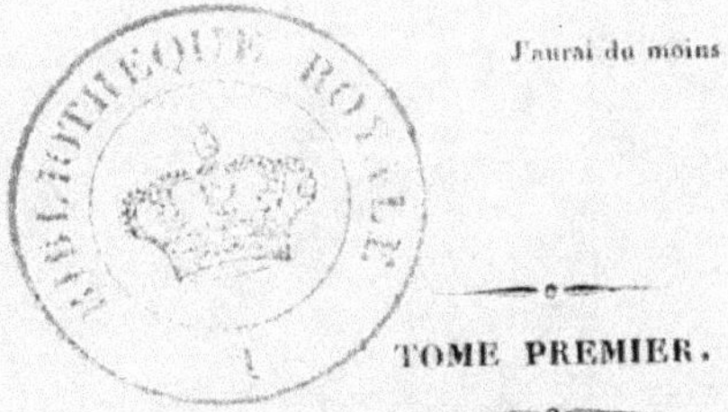

TOME PREMIER.

PARIS,

Chez { GABRIEL WARÉE, LIBRAIRE, QUAI VOLTAIRE ;
{ Mme HUZARD, LIBRAIRE, RUE DE L'ÉPERON, N° 7.

1835.

LE PEINTRE-GRAVEUR FRANÇAIS.

—

Artistes du dix=septième Siècle.

—

PREMIÈRE PARTIE.

TABLE,

PAR ORDRE CHRONOLOGIQUE, DES ARTISTES DONT LES OEUVRES SERONT CATALOGUÉS DANS CE VOLUME.

AVERTISSEMENT.

Nous avons décrit chaque estampe avec des détails suffisans pour que le lecteur puisse la reconnaître sans difficulté. Un numéro et une dénomination particulière, répondant à son sujet, lui ont été donnés, afin que les auteurs de catalogues de ventes, qui voudront faire usage de cet ouvrage, soient dispensés désormais de toute description pénible et ultérieure, et que les amateurs puissent entreprendre leurs recherches avec plus de vitesse et de facilité.

Les expressions de *droite* et de *gauche* employées dans nos descriptions se rapportent à la personne qui regarde l'estampe. Par ces mots : *dans la marge*, nous avons toujours sous-entendu la marge du bas. Lorsque les noms des auteurs, les inscriptions ou les numéros se trouvaient dans les autres marges, nous avons eu soin d'en prévenir.

L'orthographe incorrecte des noms des auteurs et éditeurs, celle des adresses et autres inscriptions ont été scrupuleusement suivies. Quand les caractères typographiques n'ont pu nous suffire, nous avons employé des planches auxiliaires qui nous ont d'ailleurs fourni l'occasion d'offrir le *fac simile* de l'écriture des maîtres.

La dimension des pièces est donnée en pouces et lignes, d'après l'ancien pied de roi de Paris, parce que cette mesure est la seule usitée parmi les amateurs, surtout parmi ceux de l'étranger, où notre mesure métrique, bien plus con-

venable cependant en cette matière par la petitesse de ses sub-
divisions, n'a pu encore devenir usuelle.

Le trait qui sert d'encadrement aux compositions nous a
servi de point de départ et d'arrêt pour cette dimension, dans
laquelle nous n'avons pas eu égard aux marges, à moins
qu'elles ne continssent des inscriptions ; auquel cas leurs dimensions ont également été constatées. Qnand il n'y a pas de
trait autour du sujet, nous avons donné la dimension de la
planche.

Le signe ? après le chiffre des dimensions, exprime le
doute sur cette dimension ; il n'est employé que quand nous
n'avons pu rencontrer l'estampe dans son intégrité.

CLAUDE LE LORRAIN.

Claude Gellée (1), plus connu sous le nom de Claude le Lorrain, naquit, en 1600, à Chamagne près de Charmes, département des Vosges, et mourut à Rome, en 1678, selon les uns, et en 1682, selon les autres.

Ses tableaux, dit de Piles, lui ont acquis dans le monde une réputation immortelle. Aucun peintre, en effet, n'a mis plus de fraîcheur dans ses teintes, n'a exprimé avec plus de vérité les différentes heures du jour et n'a mieux entendu la perspective aérienne.

Ces éloges se trouvent confirmés par les estampes que nous devons à la pointe de ce peintre inimitable, non par toutes, il est vrai, mais très certainement par celles que nous allons décrire sous les nos 1, 5, 6, 8, 10, 11, 12, 13, 15, 18, 20, 21, 22 et 23, dans lesquelles brille un effet pittoresque de clair obscur, exécuté d'une pointe savante, spirituelle et légère.

Toutes les estampes gravées par cet artiste sont un des principaux ornemens des collections les mieux choisies : on les recherche avec passion, et les bonnes épreuves en sont rares. Celles-ci seules témoignent du puissant savoir de Claude, et sont autant de dia-

____

(1) Et non Gelée.

mans dont les amateurs se disputent la possession à
des prix souvent fort élevés (1).

Les biographes de notre artiste s'accordent à dire
qu'il n'avait point de talent pour la figure, et qu'il
la faisait peindre par Philippe Lauri, Courtois, Swanevelt, André Both, Jean Miele ou Callot. Cette
particularité, en ce qui concerne Callot, nous paraît
peu d'accord avec tout ce que rapportent ces écrivains des commencemens de Claude le Lorrain, qui,
selon eux, auraient été d'abord très faibles et ensuite
excessivement lents, car il est certain que les deux
tableaux qui se voient au Musée royal, représentant
l'un le siége de **La Rochelle**, l'autre le Pas de Suze
forcé, faits militaires arrivés en 1628 et 1629, ont
été peints vers 1630, c'est à dire quatre ans avant la
mort de Callot. Dès lors on doit reconnaître que si
ces tableaux sont les premiers sortis de la palette de
Claude, ce qui n'est pas vraisemblable, son talent
s'était fait jour tout aussi vite que de notre temps,
où l'on ne confie guère de travaux de cette nature
à des artistes âgés de trente ans.

Les estampes dont nous allons présenter la description n'offrent pas cette gémination de travaux ;
les figures qui les animent sont toutes dues à l'artiste, de même que celles qui entrent dans la composition des sujets formant son célèbre *livre de vérité*. L'examen de ces figures, quoique d'un dessin
fort souvent négligé, mais toutes remplies de naï-

---

(1) Une épreuve du n° 15, premier état, a été adjugée 151 fr. en
vente publique, à Paris, au mois d'avril 1834.

veté et de grace, démontre évidemment que Claude
le Lorrain, riche de son propre fonds, pouvait se
passer de secours étrangers, et que s'il en acceptait
parfois, c'était sans tirer à conséquence et à titre de
revanche, comme il arrive encore de nos jours, entre
camarades, parmi les artistes.

M. l'abbé de Marolles possédait 46 pièces de notre
artiste, ainsi qu'il se voit dans le Catalogue publié
par lui en 1666. MM. d'Argenville (Abrégé de la
Vie des Peintres) et Basan (Dictionnaire des Graveurs, édition de 1789) nous disent pourtant que
Claude n'avait gravé que 28 pièces. M. Bénard, dans
le Catalogue qu'il a donné, en 1810, du cabinet de
M. Paignon-Dijonval, en a décrit 17, et M. Rigal 26,
dans le Catalogue de son cabinet publié par M. Regnault-Delalande, en 1817; M. Duchesne aîné, dans
sa Notice des Estampes exposées à la Bibliothèque du
Roi, édition de 1823, indique que l'œuvre s'élève à
33 pièces. Nous allons en décrire 42, et nous sommes
fondé à croire que l'œuvre entier du maître n'excède
pas de beaucoup ce nombre.

On voit, d'après ses planches, que Claude le Lorrain a gravé dans les années 1630, 1633, 1634,
1636, 1637, 1651 et 1662. Ainsi il aurait commencé à graver à l'âge de trente ans, et n'aurait
quitté la pointe qu'à soixante-deux ans. Cependant,
comme parmi ses estampes il en est plus de 20 qui
ne portent pas de dates, on doit croire que s'il en
est de postérieures à 1662, il y en a aussi qu'il aura
faites avant sa trentième année, parce que le n° 5
de notre Catalogue, qui est daté de 1630 et se rap-

porte à cet âge, démontre que ce n'est pas aussi savamment qu'on débute dans la pratique de l'eau-forte.

La lettre des n°s 17, 20 et 21 nous paraît être du graveur qui a fait les inscriptions sur les pièces que Dominique Barrière a gravées d'après les compositions de Claude le Lorrain ; celle du n° 18 et la grande inscription en deux lignes du n° 23 nous paraissent être du graveur qui a fait la lettre sur les planches de Gaspre-Poussin. Ces deux graveurs en lettres étaient habituellement employés par Gio-Giacomo Rossi, graveur et marchand d'estampes à Rome, pour marquer les planches de son fonds. Mais quant aux autres inscriptions du n° 23, et aux inscriptions des n°s 3, 5, 8, 12, 15, 22, 25, 28 et 42, il nous paraît évident qu'elles sont de la main même de Claude le Lorrain, aussi bien que les initiales et autres lettres en caractères romains majuscules, que nous rapportons pareillement comme *fac simile* sur nos planches auxiliaires, et qui ne sauraient nous servir dans la conséquence que nous allons tirer. Partant de ces inscriptions des n°s 3, 5, 8, 12, 15, 22, 23, 1er et 2e états, 25, 28 et 42, toutes en écriture cursive, il nous paraît clair maintenant que l'éducation de notre artiste ne fut pas aussi négligée qu'ont voulu le faire croire les écrivains qui nous ont laissé des notices sur sa vie.

OEUVRE

DE

CLAUDE LE LORRAIN.

— ◦ —

PIÈCES EN LARGEUR.

—

1. *La Fuite en Égypte.*

En avant d'un site rocheux et escarpé qui existe au fond de la droite, lequel est garni de palmiers et d'autres arbres, deux anges accompagnent la Vierge assise sur l'âne et tenant l'enfant Jésus dans ses bras, et dirigent sa marche à droite. Saint Joseph, un bâton sur l'épaule et portant quelque chose sous un bras, la suit en longeant une pièce d'eau qui occupe le milieu de l'estampe. A gauche est une forêt terminée à l'horizon par des collines douces et par la mer.

A droite, sur la terrasse, on lit : CLAVDIO, comme nous le rapportons n° 1.

Largeur : 6 pouces 3 lignes ; Hauteur : 3 pouces 9 lignes.

On connaît quatre états de cette planche :

I. Le trait carré bordant la composition est légèrement exprimé et offre des intervalles blancs ; le nom du maître se lit en entier. — *Très rare.*

II. Le trait carré est comme dans le premier état ; mais on ne voit plus que les quatre premières lettres du nom du maître. — *Rare.*

III. Le trait carré est complétement, mais durement exprimé. On lit à droite de la marge : *N°* 44, *p.* 13 (1). — *Commun.*

IV. L'inscription du troisième état effacée ; avec de l'attention on en reconnaît des traces. — *Plus commun encore.*

2. *L'Apparition.*

Morceau légèrement touché et peu fini, où l'on voit à droite une petite cascade formant ruisseau qui fuit au milieu du devant et dont les rives au bas de la droite sont garnies de trois arbres qui s'élèvent jusqu'au haut de la planche. Un bois clair occupe le milieu du fond, où l'on voit un religieux à genoux et la tête penchée en avant, qui paraît écouter dévotement la parole qu'un ange descendu vers lui sur un nuage semble lui adresser. Une rivière serpente dans le fond de la gauche, où se remarque une ville, et vient couler dans le bas du même côté. A droite, sur la terrasse : **CL. G.**, fort mal exprimés.

Même dimension.

On connaît quatre états de cette planche :

I. Les angles sont aigus ou à arêtes vives. — *Très rare.*

II. Les angles sont arrondis ; celui du haut de la droite est même tronqué jusqu'au trait carré. — *Rare.*

III. Avec *N°* 43, *p.* 2, au milieu de la marge. — *Commun.*

IV. Cette inscription effacée, non sans laisser quelques traces légères. — *Plus commun encore.*

---

(1) Cette indication et celles qui se voient sur les planches n°ˢ 2, 3, 5, 13 et 15 donnent lieu de penser que ces six planches ont servi à orner un livre que nous n'avons jamais rencontré.

3. *Le Passage du gué.*

Morceau d'une pointe grosse et ferme, dans lequel on voit, au milieu du devant, un berger, jambes nues, précédé de son troupeau, qui passe à gué, en se dirigeant à gauche, une rivière venant de dessous un pont qui est au fond de la droite et qui baigne le bas de la gauche. Il tient son bâton d'une main, et fait signe, de l'autre, à une femme debout sur la rive qui relève ses vêtemens pour le suivre, tandis qu'une autre femme, assise au bas de la droite, se déchausse pour le suivre aussi. A droite, sur la terrasse, on lit l'inscription rapportée n° 2.

Même dimension.

On connaît trois états de cette planche :

I. Les angles sont aigus et l'inscription est non ébarbée. — *Rare.*

II. L'angle bas de la droite est tronqué. On lit au milieu de la marge : *N° 45, p. 1.* — *Commun.*

III. Cette indication effacée. — *Plus commun encore.*

4. *Le Troupeau à l'abreuvoir.*

Pièce légèrement gravée et peu finie, où se voit, à gauche, un berger debout appuyé sur son bâton, veillant un troupeau qui s'abreuve au bord intérieur d'une rivière qui coule en largeur sur tout le devant de l'estampe. Une chaîne de hautes montagnes existe au fond de la droite ; et le fond de la gauche offre une colline ornée d'un gros arbre dont la cime est tronquée par le bord supérieur de la planche. Cette composition est bordée d'un double trait carré entre

lequel, à la gauche du bas, on lit l'inscription rapportée n° 3. Au delà de ce double trait, il existe une
marge de 13 lignes à laquelle nous n'aurons pas
égard dans la dimension que nous allons constater.
Cette marge est chargée d'essais de pointe et de coulures d'eau-forte.

Largeur : 6 po. 5 l. Hauteur : 3 p. 11 l.

On connaît deux états de cette planche :
I. Les angles sont aigus. — *Rare.*
II. Les angles sont arrondis et les marges nettoyées. —
Commun.

**5 A 16. SUITE DE DOUZE PIÈCES NUMÉROTÉES VERS LE BAS DE
LA MARGE DU COTÉ GAUCHE.**

Largeur : 6 po. 5 l. à 7 p. 3 l. Hauteur : 4 p. 7 l. à 5 p.

5. *La Tempête.*

(1) Le fond de la gauche offre un site escarpé et boisé
d'arbres touffus dont les branches sont violemment
agitées par les vents qui soufflent avec impétuosité
de la droite ; deux tours, dont la plus rapprochée
est crénelée, se voient ensuite et semblent indiquer
le voisinage d'un port. Trois vaisseaux mâtés et une
chaloupe paraissent avoir été lancés vers ce rivage,
qu'une autre embarcation, à voile latine, étant en
pleine mer, au fond de la droite, semble vouloir
gagner. Un canot près de la rive, au bas de la
droite, est monté par trois matelots qui font des efforts pour l'empêcher d'échouer, tandis qu'un quatrième, genou à terre sur la plage, au milieu du
devant, cherche à l'amarrer. Des tonneaux, débris

probable d'un naufrage, se voient derrière ce quatrième matelot, au bas de la gauche. Sur le rivage,
de ce dernier côté, l'inscription rapportée n° 4, *a*.

On connaît cinq états de cette planche :

I. C'est celui que nous venons de décrire. Il est à l'eau-forte
pure et ne porte pas de numéro. — *Très rare.*

II. L'inscription du premier état a été effacée et remplacée
par celle que nous rapportons n° 4, *b*, couverte de quelques
traits longitudinaux. L'homme amarrant le canot s'y voit.
Sans numéro. — *Très rare aussi.*

III. Pareillement avant le numéro. L'homme amarrant le
canot est effacé ; la composition est bordée d'un trait carré.
— *Rare.*

IV. Il porte le n° 1. Au milieu de la marge du bas, on lit :
Cl. Inu. Les angles de la planche sont toujours aigus. —
Commun.

V. Les angles sont arrondis. On lit, de plus, dans la
marge, vers la droite : *N° 44, p.* 11. — *Très commun.*

6. *La Danse au bord de l'eau.*

(2) Au son de la musette d'un campagnard assis
au pied d'un arbre, à gauche, non loin de deux
couples villageois qui, pour le moment, paraissent
n'être que spectateurs, un pâtre et une jeune fille,
qu'environne un troupeau, dansent en se donnant
la main, vers le milieu du devant, au bord d'une
rivière qui forme le second plan de la composition
dans presque toute la largeur de la planche. Le fond
de la droite présente un site rocheux ombragé par
des arbres, qu'un chemin sépare d'une tour ronde
et d'un moulin à eau bordant la rivière, laquelle
serpente jusqu'au bas de la droite, où se voit, au

bord de l'eau, un âne qui s'abreuve, monté par une jeune fille. Le fond de la gauche offre des chaînes de montagnes qui se perdent à l'horizon. Dans le milieu de la marge, de ce dernier côté, on voit les initiales du maître rapportées n° 5, *a*.

On connaît trois états de cette planche :

I. Avant le numéro et avant le nom du maître, à droite de la marge du bas. — *Très rare*.

II. Pareillement avant le numéro ; mais, à droite de la marge du bas , on voit le nom du maître tel que nous le rapportons n° 5, *b*. — *Rare*.

III. Avec le n° 2. — *Commun*, surtout quand les bords de la planche ne paraissent plus raboteux.

7. *Le Naufrage*.

(3) Vaisseau battu par les vents et poussé violemment contre un rocher escarpé qui s'élève au bord de la mer, vers le milieu du fond, et au dessus duquel est une grosse tour ruinée. Une pluie battante tombe, au milieu, sur une mer orageuse et, dans le fond de la droite, sur un sol montueux que parcourent des personnes effrayées. Un vaisseau démâté paraît sombrer dans un détroit, près du bord droit de la planche. Le fond de la gauche présente une mer extrêmement houleuse, bien que le ciel, de ce côté, offre une éclaircie. Un bateau chargé de tonneaux, qui se voit au bas du même côté, est halé à droite, vers le rivage, par deux matelots, tandis qu'un troisième, échappé du naufrage, gravit entre eux la plage escarpée où se voient des débris. Au milieu du bas, près du trait carré, on lit, non sans difficulté : *Cl. Inu*.

On connaît deux états de cette planche :
I. Avant le numéro. — *Rare*.
II. Avec le n° 3. — *Commun*.

8. *Le Bouvier*.

(4) Charmant paysage éclairé par les rayons du soleil couchant, dans lequel une rivière, paraissant venir en serpentant, du milieu du fond, à travers de riantes campagnes que des montagnes bornent à l'horizon, coule au milieu et à la gauche du devant, et baigne de ses eaux limpides, et le fond de la gauche, où se voit un bois à travers lequel on aperçoit un monument antique et une fabrique rustique, et le devant de la droite, où un bouvier, assis entre une souche et un vieil arbre, sonne du cornet en gardant son troupeau qui se dirige à gauche, en passant la rivière à gué.

Dans la marge, à droite, l'inscription rapportée n° 6.

On connaît trois états de cette planche :

I. Avant le numéro. — *Très rare*.

II. Avec le n° 4, mais avant que l'oiseau dont nous allons parler n'ait été couvert de travaux. — *Rare*.

III. Le petit oiseau, qui se voyait sans obstacle dans les deux états qui précèdent, à côté de la touffe inférieure le plus à droite du bois, vers le milieu de l'estampe, a été couvert dans celui-ci par un petit nuage formé de quelques légers traits horizontaux de pointe sèche. — *Commun*.

9. *Le Dessinateur*.

(5) Une rivière coule, du bas de la gauche, sous un pont de pierre de deux arches, et va se jeter

dans la mer sur le second plan de la droite, où se voit un vaisseau en panne au travers de son embouchure. Des embarcations de toute espèce sont au delà, de ce côté et au milieu du fond, et voguent sur les flots qui sont bornés à l'horizon par de hautes montagnes. Le fond de la gauche offre une porte de ville maritime flanquée de deux tours, où aboutit un chemin venant du bas de la droite. Ce chemin est parcouru en sens contraire par deux hommes qui se dirigent à droite, et par une jeune fille montée sur son âne, que suivent un homme et une femme qui se dirigent vers la ville. En deçà du pont, au bas de la gauche, un dessinateur est assis sur une butte en avant de deux débris de colonne ; un homme, assis à côté de lui, s'entretient avec un autre debout qui lui montre quelque chose. Au delà est une colline que baignent tout à la fois et les eaux de la mer et celles de la rivière, laquelle est ornée d'arbres et d'arbustes. Pièce sans marque.

On connaît deux états de cette planche :
I. Avant le numéro. — *Rare.*
II. Avec le n° 5. — *Commun.*

10. *La Danse sous les arbres.*

(6) Répétition du sujet décrit sous le n° 6, mais dans le sens opposé et avec des variantes. Ici, un pâtre et deux villageoises, dont une joue du tambour de basque, dansent au milieu de la composition à l'ombre d'un bouquet d'arbres. A droite, un joueur de musette est assis sur un tronc d'arbre renversé près de cinq spectateurs, dont trois sont également

assis et deux debout à l'ombre d'un autre bouquet d'arbres coupé par le bord droit de la planche. Le fond, de ce côté, offre une plaine formée de collines douces, bornée à l'horizon par de hautes montagnes faiblement indiquées. La gauche du fond présente une percée pratiquée entre le bouquet d'arbres du milieu et un autre que coupe le bord gauche de la planche, à l'entrée de laquelle se voient deux bœufs debout, et bornée au fond par un petit bois. Effet de soleil couchant. Pièce sans marque.

On connaît quatre états de cette planche :

I. Avant le numéro. — *Très rare.*

II. Avec le n° 6. — *Rare.*

III. Les angles arrondis, d'aigus qu'ils étaient dans les deux états qui précèdent ; les montagnes du fond disparues. — *Commun.*

IV. Le ciel, clair dans les trois premiers états, à l'exception de quelques légers traits horizontaux, est, dans celui-ci, couvert de beaucoup de travaux ; un seul oiseau, au lieu de trois, vole dans les airs ; les deux vaches sont presque disparues ; l'espace qui les séparait du petit bois, blanc dans les trois premiers états, est boisé dans celui-ci, et le petit bois est remplacé par un village. — *Très commun*, lors surtout qu'il est retouché à l'eau-forte : les épreuves en sont communément boueuses.

11. *Le Port de mer au fanal.*

(7) Ce morceau nous représente une marine par un temps calme au soleil levant qui rayonne à travers des nuages. Au bas de la gauche, sur le premier plan, en avant de plusieurs tonneaux, trois soldats sont debout et s'entretiennent. Au delà, un vaisseau débouchant du même côté et dont l'équi-

page cargue les voiles est tiré à la remorque par un bateau monté de trois pilotes et de deux passagers homme et femme, qui se voit au milieu du devant, et qui est dirigé au bas de la droite, où l'un des pilotes cherche à l'amarrer. Le fond de ce côté offre de hautes montagnes, auxquelles une ville fortifiée est adossée vers le milieu ; en deçà trois bâtimens se remarquent : l'un entre la ville et le monument dont nous allons parler ; un autre, espèce de galère, sous un portique d'ordre toscan, où il est en radoub ; et le troisième, également en radoub sur la plage entre ce portique et le premier plan. Un fanal se voit dans le fond de la gauche, et en deçà des vaisseaux voguant à pleines voiles. Sur la terrasse, au milieu, près du trait carré : *CL. I.* à peine visibles.

On connaît trois états de cette planche :

I. Avant le numéro. — *Très rare.*

II. Avec le n° 7 ; les angles sont aigus comme dans le premier état. — *Rare.*

III. Les angles arrondis. — *Commun.*

12. *Scène de brigands.*

(8) A la gauche de ce morceau, à l'entrée d'une forêt peuplée de gros arbres parmi lesquels on distingue un palmier, un voyageur est assailli par deux brigands qui le tiennent et le frappent, tandis qu'un troisième, qu'on aperçoit dans le fond entre les arbres, entraîne une femme qui crie. A l'opposite, au fond de la droite, des eaux paraissent s'échapper en cascade d'un site sauvage qu'ombragent des arbres verts. Le fond est composé d'une chaîne de mon-

tagnes alpines fuyant à gauche, au nombre desquelles on remarque la seconde, en partant du bord droit de l'estampe, dont le sommet dépasse les nues. Dans la marge droite, on lit l'inscription rapportée n° 7, *a*.

On connaît quatre états de cette planche :

I. Avant le numéro et avant le nom du maître, dans la marge du bas. — *Très rare.*

II. Pareillement avant le numéro et avant le nom du maître, dans la marge du bas; mais la cinquième feuille du palmier, en partant du corps de l'arbre et remontant à droite, est supprimée. *Très rare aussi.*

III. Avec le n° 8 et avec le nom du maître, dans la marge du bas à droite, tel que nous le rapportons n° 7, *b*. Les montagnes, mal venues à l'opération de l'eau-forte dans les deux premiers états, sont, dans celui-ci, retouchées à la pointe sèche. — *Rare.*

IV. Les angles de la planche, aigus dans les états qui précèdent, ont été arrondis dans celui-ci. *Commun,* lors surtout que les retouches des montagnes ont disparu : absence totale d'effet.

13. *Le Port de mer à la grosse tour.*

(9) Au milieu du devant, sur une plage servant de débarcadour, trois porte-faix chargent des ballots; à droite, un bateau chargé que hale un matelot marchant à gauche, et, au delà, deux vaisseaux en panne, dont le plus éloigné a mis sa chaloupe à la mer, montée de quatre personnes. Le côté gauche est occupé par une grosse tour ronde crénelée s'élevant jusqu'au bord supérieur de la planche, aux deux flancs de laquelle se voient un bateau en construction et un vaisseau en radoub. Dans le fond, du même côté,

au pied d'un promontoire formé par des montagnes
qui fuient dans le fond de la droite, une ville fortifiée où se voit un phare, vers laquelle semblent se
diriger des galères et des bâtimens à voile qui voguent
dans le milieu du fond. Effet de soleil couchant.
Pièce sans marque.

On connaît quatre états de cette planche :
I. Avant le numéro. — *Très rare.*
II. Avec le n° 9. Les angles sont aigus comme dans le pre-
mier état. — *Rare.*
III. Les angles arrondis. Dans la marge, on lit, à droite :
N° 44, p. 5. — Commun.
IV. Cette indication effacée, non sans laisser quelques
traces. — *Plus commun encore.*

14. *Le Pont de bois.*

(10) Joli paysage où l'on voit, à droite, un voyageur parlant à un pâtre assis sur une butte en avant
d'un gros arbre coupé par le bord droit de la
planche, et gardant son troupeau. Plus loin, sur un
chemin venant du même côté, qui traverse la composition et se rend dans une épaisse forêt à gauche,
une dame paraît adresser la parole à un homme et
une femme marchant, et dont le troupeau, qui a
pris les devants, passe un pont de bois construit à
gauche, non loin des restes d'un petit monument,
sur une rivière qui, de la plaine, au fond de la
droite, vient couler, en serpentant, au bas de la
gauche, où se voit un tronc d'arbre renversé. Le
fond de la droite est borné par plusieurs chaînes de
montagnes durement et froidement exprimées.

Piéce sans marque que plusieurs amateurs ne croient pas être de la pointe du maître.

On connaît deux états de cette planche :

I. Avant le numéro. — *Très rare.*

II. Avec le n° 10. — *Commun,* lors surtout qu'il est tiré sur du papier blanc dépourvu de corps ou sur du papier de soie avec une encre plutôt bistrée que noire.

15. *Le Soleil couchant.*

(11) Sur la plage, au milieu du devant, deux hommes de peine rangent des madriers sur l'un desquels se voient les lettres : **CL. I.** Au delà, une barque de transbordement que deux matelots assujettissent au rivage, tandis que deux autres commencent à la charger. Au bas de la gauche, un coffre, une malle et d'autres effets sont gardés par un homme et une femme assis, auxquels une femme debout paraît parler, en leur faisant une indication de la main élevée vers la mer. Le fond, de ce côté, présente une porte de ville en forme d'arc de triomphe, une terrasse ornée d'arbres et des tours crénelées qu'environnent des vaisseaux et des embarcations légères. Celui du côté opposé offre une grosse tour ruinée, en avant de laquelle, au bas de la droite, on voit une félouque en chargement et un autre bateau de transbordement. Le milieu du fond est un détroit formé par les montagnes des deux côtés qui s'y perdent. Au dessus de ce détroit, à droite, paraît le soleil qui embrase de ses feux cette admirable composition, chef-d'œuvre du maître.

On connaît cinq états de cette planche :

I. Avant le numéro et avant la lettre dans la marge du bas. — *Extrémement rare.*

II. Avant le numéro ; mais dans la marge du bas, à droite, on lit l'inscription rapportée n° 8. — *Très rare.*

III. Avec le n° 11. — *Rare.*

IV. Les angles bas du trait carré, mal articulés dans les trois premiers états, sont raccordés ; on voit le millésime 1684 dans la marge de gauche ; l'angle bas de la gauche de la planche est arrondi, d'aigu qu'il était dans les trois autres états. — *Commun.*

V. L'année disparue ; le trait carré du haut et du côté droit renforcé. On lit, vers le milieu de la marge, *N° 44, p. 1.* D'ailleurs, les montagnes du fond, presque disparues dans les états III et IV, ne laissent plus de traces dans celui-ci. — *Très commun.*

16. *Le Départ pour les champs.*

(12) Le bas de ce morceau est traversé par un chemin qui va du fond de la gauche au bas de la droite. Sur ce chemin, un berger, jouant du hautbois, suivi de son chien, et une bergère qui lui fait une indication vers la droite du fond, sont précédés par une jeune fille montant un âne et qui suit un troupeau, semblant diriger ce troupeau aux champs vers le bas de la droite. Au milieu, sur le second plan, est une colline ombragée de trois arbres, dont un est très touffu. Le fond de la droite offre la vue d'un pont de pierre de deux arches que franchit un cavalier et où paraît aboutir un chemin pratiqué entre des montagnes et orné de fabriques répétées du n° 6, lesquelles rappellent les environs de Tivoli. Le fond de la gauche et du milieu présente des chaines

de hautes montagnes dont le pied est baigné par une large rivière qui coule à droite sous le pont indiqué. Pièce sans marque.

On connaît trois états de cette planche :
I. Avant le numéro. — *Très rare.*
II. Avec le n° 12. Tous les angles sont aigus comme dans le premier état. — *Rare.*
III. L'angle du haut de la gauche est arrondi. — *Commun.*

17. *Mercure et Argus.*

Le devant de cette pièce est le plateau d'un site élevé d'où l'on découvre, dans le fond du milieu et de la gauche, de hautes montagnes à l'horizon, et en deçà, la mer formant une baie sur laquelle on aperçoit une barque à la voile, puis des fabriques et de vastes campagnes cultivées et boisées qu'animent différens personnages. Sur ce plateau, à la droite de l'estampe, on voit le péristyle d'un temple d'ordre corinthien environné d'un bois qui règne jusque près du milieu du fond, et, en avant, vers le milieu du premier plan, Argus, assis sur une pierre, qui paraît s'endormir aux sons du hautbois dont Mercure joue à l'oreille même d'Argus, dont le troupeau occupe le milieu et la gauche du devant.

Dans la marge, à droite : *Claudio Gillee inuen. in Roma*, 1662, *con licenza de superiori.*

Largeur : 7 po. 11 l. Hauteur : 5 po. 7 l.

On connaît deux états de cette planche :
I. Avant la retouche. — *Rare.*
II. Retouché à l'eau-forte par un maladroit qui a exagéré

les ombres et noyé les demi-tons. En cet état on aperçoit une coulure d'eau-forte formant tache au dessous de la crosse du bâton d'Argus, telle que nous la figurons n° 9. — *Très commun.*

18. *Le Troupeau en marche par un temps orageux.*

Vue d'un riche paysage par une pluie d'orage. Le bas de la droite est occupé par une pièce d'eau au delà de laquelle on voit un pâtre, suivi de son chien, qui, du bâton levé, presse son troupeau, composé de buffles, de bœufs, de moutons et de chèvres, vers les restes d'un monument d'ordre corinthien, environné d'arbres, qui est à gauche. Dans le fond de ce côté, on aperçoit de riches fabriques au bord d'une baie, sur laquelle sont des barques, cernée à l'horizon par de hautes montagnes. Le fond de la droite offre un site montueux et boisé, que couronne une espèce de château-fort où se remarque une grosse tour ronde crénelée.

Dans la marge à gauche : *Claudius Gellee fecit Romæ,* 1651.

Largeur : 8 po. 1 l. Hauteur : 5 po 9 l.

On connaît trois états de cette planche :

I. Avant la remarque du deuxième état. — *Très rare.*

II. Au ciel, au milieu de l'estampe, entre l'une des montagnes de la gauche et la grosse tour ronde de la droite, on remarque des traits croisés de pointe, que nous rapportons n° 10, *a.* — *Rare.*

III. Retouché à l'eau-forte avec plus de talent qu'aucune des autres pièces du maître. On reconnaît cet état, dans lequel la remarque précédente ne se voit qu'à peine, à un trait échappé qui coupe la branche d'arbre la plus rapprochée du bord droit

de l'estampe, aux deux tiers de sa hauteur, comme on le voit
n° 10, *b*. — *Commun*.

19. *Le Chevrier*.

Le milieu de ce paysage offre une colline qu'ombragent et un gros arbre dont le tronc et partie des
rameaux sont garnis de plantes grimpantes, et cinq
autres arbres qui l'environnent. Ces six arbres forment un bouquet qui garnit presque toute la largeur
du haut de l'estampe. Au pied du gros arbre se voit
un homme assis, la tête posée sur une main qu'il a
accoudée sur son genou droit, et dans l'attitude de
la réflexion : il paraît garder un troupeau de chèvres
qui est au bas de la gauche. Un pont de pierre, d'une
seule arche, joint cette colline à une montagne boisée, qui est au fond de la gauche, laquelle est ornée
d'un château fortifié. Ce pont est parcouru par deux
personnes, dont l'une paraît montrer à l'autre un
groupe qui a pris les devants, et qui se compose d'une
femme tenant son jeune enfant dans ses bras, montée sur un âne que conduit un autre personnage. Le
fond du milieu et de la droite offre la mer, sur laquelle on aperçoit quelques navires à l'horizon.

Dans la marge, à gauche, l'inscription rapportée
n° 11, laquelle ne paraît ni être de la main du maître, ni se rapporter à son nom, quoique cette pièce
soit incontestablement de lui.

Largeur : 8 po. 4 l. Hauteur : 6 po. 2 l.

On connaît trois états de cette planche :

I. Avant l'inscription. — *Très rare*.

II. Avec l'inscription, mais avant la retouche. — *Rare*.

III. Retouché à l'eau-forte d'une façon pitoyable. Des ombres fortes ont été substituées aux demi-tons du maître. L'inscription, non retouchée, ne s'aperçoit plus qu'imparfaitement. — *Commun.*

20. *Le Temps, Apollon et les Saisons.*

Cette poétique composition, digne du Poussin, s'il n'était l'auteur du célèbre tableau du Temps qui fait danser les Heures, ornement du palais Rospigliosi, anime un superbe paysage boisé que décorent des vestiges de monumens d'une riche architecture. Le Temps, assis sur une pierre à gauche, tourné à droite, joue de la harpe, et les Saisons, se donnant la main, s'avancent de la droite vers lui en cadence, conduites par le Soleil, sous la figure d'Apollon qui présente au Temps et son arc et ses flèches. Un pasteur, assis dans le lointain à gauche, garde un troupeau épars çà et là dans la campagne ; d'autres personnages sont occupés à des soins champêtres, et dans le milieu du fond, on aperçoit une profonde vallée boisée qu'une chaîne de hautes montagnes borne à l'horizon.

Dans la marge, on lit : *Apollo in atto di obedire al Tempo. La Primauera a commenciare il ballo. Lestati non manqua del suo calore. Lautunno col suo lieuore seguita. Linuerno tiene la sua staggione.* Cette inscription est suivie de : *Claudio Gillee inuen. Fec. Roma* 1662 *con licenza de super.*

Largeur : 9 po. 4 l. Hauteur : 7 po. 2 l., y compris 6 l. de marge.

On connaît deux états de cette planche :

I. Le trait carré du haut est très finement indiqué. — *Rare.*

II. Le trait carré exprimé fortement au delà de l'ancien, au haut de la composition, et celui du bas raccordé dans les parties mal venues dans le premier état. — *Commun.*

21. *Berger et Bergère conversant.*

Superbe paysage où l'on remarque, au bas de la droite, un berger, vu presque de face, assis à côté d'une bergère, vue par le dos, qu'il écoute attentivement ; laquelle, de la main gauche élevée, semble lui montrer quelque chose. Un troupeau, composé de chèvres, de moutons et de vaches, est à leurs côtés, et paraît se diriger à gauche au bord d'une large rivière, au delà de laquelle, en cet endroit, est une prairie ombragée où l'on aperçoit un bouvier gardant son troupeau. Le milieu du fond offre une haute montagne, et en avant un pont de pierre de plusieurs arches, qui lie les deux rives du fleuve. A travers de grands arbres existant au fond de la droite, on voit une ville fortifiée ayant une église au clocher pyramidal, et au delà une chaîne de hautes montagnes.

Largeur : 9 po. 5 l. Hauteur : 7 p. 2 l.

On connaît cinq états de cette planche :

I. A l'eau-forte pure. Le groupe d'arbres, qui se voit entre la haute montagne du milieu du fond et la ville fortifiée, s'élève à trois lignes près du bord supérieur de la planche ; la chèvre et le pied d'arbre tronqué existant dans le coin bas de la droite ont manqué à l'opération de l'eau-forte. Cet état est avant la lettre. — *Extrêmement rare.*

II. Pareillement avant la lettre. Travaux en partie raccordés à la pointe sèche et au burin. L'aspect du groupe d'arbres a été changé et il a été abaissé à près de deux pouces du bord supérieur de la planche. — *Très rare.*

III. La ville fortifiée, le pied d'arbre tronqué du coin bas de la droite, et la branche d'une souche, qui se voyait au milieu du bas, ont été supprimés. A la place où fut la ville se voient des fabriques et plusieurs chaînes de montagnes. Tous les arbres ont été retouchés, et la pièce offre enfin l'accord que cherchait le maître. On lit, dans la marge à gauche : *Cl. G. Inu. et F.* — *Rare.*

IV. Dans les états précédens, l'angle du bas de la droite de la planche est arrondi, et les autres sont aigus. Dans celui-ci les trois autres angles sont arrondis aussi. D'ailleurs on lit, à la suite de l'inscription du troisième état, ces mots : *Con licenza de sup.* — *Commun.*

V. Retouché à l'eau-forte. Un trait de pointe échappé sur la cuisse gauche de la bergère, qui se voyait dans le quatrième état, a été effacé dans celui-ci ; une coulure d'eau-forte se voit dans ce cinquième état, et fait tache au dessous de l'endroit où fut le trait échappé. *Voyez* le n° 12, où nous avons cherché à rendre ces remarques sensibles. Nous n'ajouterons plus qu'un mot, c'est que les épreuves de ce cinquième état ne viennent sur du mauvais papier bis ou sur du papier de soie qu'en faisant *téter* la planche. — *Très commun.*

22. *L'Enlèvement d'Europe.*

Jupiter, transformé en taureau, couronné de fleurs, est au milieu du devant, au bord de la mer, portant sur son dos Europe assise, qui se tient fortement des deux mains à ses cornes, et dirige ses pas vers la droite. Plusieurs jeunes filles entourent le groupe, tandis que d'autres, au bas de la droite, s'occupent encore à cueillir et à tresser des fleurs. Le fond, de ce dernier côté, offre la mer couverte de vaisseaux, bornée à l'horizon par une chaîne de hautes montagnes, au pied desquelles se voit un port de mer rempli de vaisseaux. Sur le second plan de la gauche, on aperçoit le troupeau au sein duquel le dieu a opéré sa transformation ; ensuite une colline douce où aborde, vers le milieu, un bateau monté de deux personnes, et couronnée par un groupe d'arbres, parmi lesquels on distingue un pin dont la cime touche le bord supérieur de la planche. Le fond de la gauche est orné des vestiges d'un temple antique et d'une grosse tour ronde crénelée. Sur une grande pierre, au bas de la droite, on lit l'inscription rapportée n° 13.

Largeur : 9 po. 6 l. Hauteur : 7 po. 1 lig.

On connaît trois états de cette planche :

I. Les angles du haut et du bas de la droite sont aigus ; le trait carré, bordant la composition seulement au haut et aux deux côtés, est à peine sensible. — *Rare.*

II. Point de changement dans les travaux, mais tous les angles de la planche sont arrondis. — *Commun.*

III. Retouché à l'eau-forte avec plus de bonheur que de coutume. En cet état, le trait carré est parfaitement exprimé au haut et à droite. — *Très commun.*

23. *Le Campo-Vaccino.*

Vue du Campo-Vaccino, qui fut autrefois le *Forum romanum*, prise du Capitole, mais dans le sens opposé au tableau de l'artiste qui est au Musée royal. A droite, une partie de l'arc de Septime-Sévère, les restes du temple d'Antonin et de Faustine, et ceux du temple de la Paix. Dans le fond, le Colisée et l'arc de Titus. A gauche, sur le devant, le temple de la

Concorde, et, en perspective, les trois colonnes unies par un architrave, seul reste du temple de Jupiter Stator, et les ruines du palais des empereurs. Cette place est animée d'un grand nombre de figures d'hommes et d'animaux. Dans le bas de la droite, à la coupe d'un fût de colonne renversé, l'inscription rapportée n° 14, *a*.

Largeur : 9 po. 6 l. Hauteur : 6 p. 8 l., non compris 7 l. de marge.

On connaît cinq états de cette planche :

I. C'est celui décrit : la marge est blanche. Point d'autres inscriptions que celle rapportée. *Unique peut-être.*

II. Avec l'inscription que nous rapportons n° 14, *b*, laquelle se voit, à droite de la marge, à environ quatre lignes du trait carré. *Extrêmement rare.*

III. Indépendamment de l'inscription, en une petite ligne, du deuxième état, on voit les lettres : *CL. I.* sous le pied du premier homme dans le coin bas de la gauche. — *Très rare.*

IV. L'inscription, en une petite ligne, du deuxième état est effacée, non sans laisser des traces qui permettent presque de la lire.

V. Avec l'inscription suivante, en deux lignes, qui laisse entrevoir des traces de celle du deuxième état : *Via sacra detto Campo Vacino di Roma. superior. licentia.* 1636. *Claude Gelleé invent. et sculp.* — *Commun.*

24. *La Danse villageoise.*

Répétition du sujet décrit sous le n° 10, et dans le même sens, mais sur une plus grande échelle. Ce sujet était de prédilection pour notre artiste, qui l'a traité trois fois, et avec infiniment de bonheur, dans les n° 6 et 10. Ici, vers le milieu de la planche, un berger couronné de fleurs et une bergère dansent avec une jeune fille qui s'accompagne du tambour de basque. A droite, sur un tronc d'arbre gisant à terre, un villageois joue de la musette, et deux autres conversent ; du même côté, deux gros arbres, dont la cime se perd dans le bord supérieur de la planche, couvrent de leur ombrage cette scène pastorale que six autres spectateurs, placés du même côté, regardent. A gauche, des chèvres, dont deux derrière le danseur, semblent danser aussi. Sur la tranche du tronc d'arbre renversé, les lettres *CL.* Pièce qui n'a pas réussi à l'opération de l'eau-forte, et que Claude le Lorrain n'a pas terminée.

Largeur : 9 po. 6 l. Hauteur : 7 po. 3 l.

On connaît trois états de cette planche :

I. Avant l'accident arrivé à la planche au milieu du fond. — *Très rare.*

II. Une espèce de crevasse formant tache, au milieu du fond, de trois lignes de large sur une ligne de haut, suite de l'accident indiqué. — *Rare.*

III. Le trait carré renforcé. En cet état on n'aperçoit plus la tache au milieu du fond. — *Commun.*

PIÈCES EN HAUTEUR.

—

25. *Le Pâtre et la Bergère.*

Pâtre assis à gauche, parlant à une bergère debout et qui semble diriger son bétail au long d'un site escarpé et couronné d'arbres qui se voit à droite.

Au milieu de la marge, l'inscription rapportée n° 15. Pièce d'une pointe grosse, touchée avec liberté.

Hauteur : 5 po. 7 l. Largeur : 4 po.

On connaît deux états de cette planche :

I. Les angles du trait carré bordant la composition ne se joignent pas au haut de la gauche, ni dans les deux coins du bas. — *Rare.*

II. Ces angles raccordés. — *Commun.*

26. *Les trois Chèvres.*

Vue de la lisière d'un bois, à gauche; du côté opposé, une vaste campagne où se voit une tour ruinée. Sur le premier plan, à gauche, trois chèvres, deux sont couchées vues par derrière, l'autre est debout et se gratte la tête de son pied droit de derrière. Sur la terrasse, vers le milieu de la planche et près du bord, l'inscription rapportée n° 16.

Hauteur : 7 po. 3 l. Largeur : 4 po. 8 l.

On connaît deux états de cette planche :
I. Les marges chargées de coulures d'eau-forte.
II. Les marges nettoyées.

27. *Les quatre Chèvres.*

Quatre chèvres, dans la clairière d'un bois qui garnit tout le fond de la composition, sont élevées couple par couple sur leurs pieds de derrière et paraissent vouloir se heurter, ce que regarde un berger assis dans le fond à gauche. Pièce sans marque gravée dans le goût des n°s 2, 4, 25 et 26, et probablement dans le même temps ; c'est à dire à l'époque où le peintre essayait de la pointe.

Hauteur : 7 po. 3 l. Largeur : 4 po. 9 l.

On connaît deux états de cette planche :

I. Avec des coulures d'eau-forte dans les marges haut et bas, et avec des essais de pointe dans celle du bas.

II. Les marges nettoyées.

FEUX D'ARTIFICE (1).

28 à 38. *Suite de 11 pièces d'une pointe légère et badine* (2).

Hauteur : 6 po. 10 l. à 7 po. 1 l. Largeur : 4 po. 11 l. à 5 p. 1 l.

On connaît deux états de ces planches :

I. Avant la *lettre remplie* de l'inscription du premier morceau, et avant l'adresse de Rossi. — *Très rare.*

II. Avec la lettre remplie et avec ces mots : *Gio Domenico Rossi le stampa in Roma,* écrits dans la petite marge du bas du premier morceau. — *Très rare aussi.*

I.

28. Vue d'une fontaine érigée sur l'une des places de Rome, représentant Neptune tenant son trident de la main droite, et de l'autre, les rênes de différens animaux marins supportant la conque qui lui sert de char. Au ciel, à gauche, l'aigle à deux têtes

---

(1) Ces feux ont été décrits dans un livre intitulé : *Applausi Festivi fatti in Roma per l'ellezzione di Ferdinando III al Regno de' Romani. Dal Ser^{mo} Princ. Maurizio, Card. di Savoia, descritti.*

Al Ser^{mo} Francesco d'Este, Duca di Modana, da D. Luigi Manzini.

In Roma appresso Pietro-Antonio Facciotti, con licenza de' superiori, 1637. *Nicol. Torniolus inv. Lucas Ciamberlanus Urbinas F.*

Les pièces gravées par notre artiste n'ont point été faites pour ce livre, que décorent des planches sorties de la pointe de Ciamberlano ; planches dont **M.** Bartsch a ignoré l'existence, puisqu'il ne les a pas comprises dans le catalogue de l'œuvre de ce maître.

(2) Nous ne saurions dire avec certitude si ce nombre est exact, tant ces pièces sont rares. La Bibliothèque royale en possède 10 ; la 11° (notre n° 29) est dans la collection de **M.** Saint : nous ne l'avons vue que là.

couronnée vole vers la droite. Sur le soubassement du monument, à droite : **CL**. Dans une grande marge de treize lignes de haut, comprise dans la dimension donnée, on lit l'inscription rapportée n° 17.

2.

29. Même sujet ; mais comme la grande marge n'était plus nécessaire, le champ s'est trouvé agrandi de tout son espace. Aussi la décoration posée plus bas paraît plus rapprochée du spectateur, et les bâtimens au delà ont plus de développement en hauteur. Cette place est d'ailleurs animée d'un plus grand nombre de personnages, les maisons sont plus finies ; le dieu, l'aigle, la décoration, enfin, sont couverts de travaux croisés. Le ciel, blanc dans le n° 28, est, dans celui-ci, chargé de nuages. Au pied du monument se voit, en travers, une échelle géométrique, sous la dernière division de laquelle, à droite, est le nombre 50. Au coin haut de la gauche, le nombre XVI (1).

3.

30. Vue d'une autre décoration représentant Atlas qui supporte le globe terrestre surmonté de l'aigle impériale couronnée. En travers du bas est une échelle géométrique, marquée, au milieu du dessus, du nombre 50. Au dessous, à gauche, les initiales du maître : **CL**.

---

(1) Ce numéro ne semble-t-il pas indiquer que, dans la description que nous donnons de 11 pièces seulement, nous sommes loin du nombre véritable de la suite ?

4.

31. Même sujet. Ici le globe terrestre vole en éclats par l'explosion de l'artifice, et laisse apercevoir le globe céleste parsemé d'étoiles que contenait la première décoration. Pièce sans marque.

5.

32. Tour carrée et crénelée, flanquée de bastions que surmontent des figures allégoriques. L'artifice jaillit de toutes parts, même de l'aigle et de la couronne impériales, qui brillent au sommet de la tour. Au pied du premier bastion de la droite : CL. Le trait carré du bas est divisé en forme d'échelle géométrique, et au dessous, à droite, se voit le nombre 5o.

6.

33. Même sujet. Ici la tour carrée s'écarte par l'effet de l'artifice, et laisse apercevoir une tour ronde également crénelée, d'où jaillit une girande. Pièce sans marque.

7.

34. Tour ronde crénelée et flanquée comme les précédentes. Le feu s'échappe de toutes parts en gerbes, et parait ne devoir rien détruire. Pièce sans marque.

8.

35. Même sujet. Ici le feu fait éclater la tour, et laisse entrevoir dans ses flancs la statue équestre du roi des Romains. Au pied du premier bastion de gauche : CL.

9.

36. Tour carrée et crénelée, flanquée de bastions surmontés de figures portant des couronnes royales. Cette tour en supporte cinq autres; celle du milieu, qui est la plus grosse, est ornée de l'aigle impériale couronnée; les quatre autres, égales entre elles, sont enrichies de dragons ailés. Au milieu du bas, près du trait carré : **CL.**

10.

37. Statue équestre du roi des Romains , érigée sur l'une des places de Rome, ayant pour piédestal un massif flanqué de quatre tours. Pièce sans marque.

11.

38. Vue d'une place de Rome, sur laquelle est érigée la statue équestre du roi des Romains, qui fait face à un palais existant à gauche, dont les fenêtres sont garnies de spectateurs. Les trompettes sonnent, les gardes sont en marche, et le peuple se presse en foule pour prendre part à la solennité. Sur le premier plan on voit une barrière dont l'ouverture est près de la droite. Le trait carré du bas est divisé en forme d'échelle, et le nombre 50 en petits chiffres se voit près d'un des trompettes. Dans la marge, à gauche : **CL.**

GRIFFONNEMENS.

39. *Étude d'une Scène de Brigands.*

Au bas de cette planche se voit le sujet, légèrement griffonné, du voyageur assailli par deux brigands, de la pièce décrite sous le n° 12. Au dessus, quatre essais de pointe et études d'animaux. Pièce sans marque.

Hauteur : 7 po. 6 l. Largeur : 4 p. 10 l.

40. *Les deux Paysages.*

Vers le milieu de cette pièce, études légèrement esquissées de deux paysages : l'un à gauche, où se voient un arbre mort gisant sur le sol et un grand arbre feuillu embrassant tout le haut de la composition ; l'autre à droite, plus large que le précédent, mais d'une semblable hauteur, offre, à gauche, l'entrée d'un bois où deux personnes se dirigent. Au dessous du trait carré de ce dernier paysage, dans le bas de la droite, *CL. inv.* fort mal exprimés.

Largeur : 7 po. 5 l. Hauteur : 4 p. 11 l.

41. *La Femme assise.*

Étude d'une femme assise de face, et regardant à gauche, exécutée d'une pointe extrêmement grosse et que l'eau-forte a ravagée. Cette étude est environnée de différens essais de pointe dans plusieurs sens de la planche. Sans marque.

Largeur : 6 po. 5 l. Hauteur : 3 po. 11 l.

42. *L'Arabesque.*

A la gauche de cette planche, étude d'un arabesque composé du masque d'une tête humaine, vu de face, de dessous lequel partent des rinceaux d'ornemens. Il supporte un vase contenant des fleurs et des fruits. Au bas, l'inscription rapportée n° 18. Le surplus de cette planche contient seulement trois petits essais de pointe.

Largeur : 7 po. 4 l. Hauteur : 5 p. 1 l.

Tableau comparatif des numéros du comte Rigal avec ceux du présent Catalogue.

NUMÉRO de M. RIGAL.	NOUVEAU NUMÉRO.	NUMÉRO de M. RIGAL.	NOUVEAU NUMÉRO.
1.	1.	14.	13.
2.	22.	15.	14.
3.	17.	16.	15.
4.	20.	17.	16.
5.	23.	18.	21.
6.	5.	19.	24.
7.	6.	20.	18.
8.	7.	21.	19.
9.	8.	22.	3.
10.	9.	23.	27.
11.	10.	24.	26.
12.	11.	25.	25.
13.	12.	26.	2.

TABLE

DES ESTAMPES GRAVÉES PAR CLAUDE LE LORRAIN.

———

MAUPERCHÉ.

Henri MAUPERCHÉ naquit à Paris en 1602 ou 1606, et mourut en la même ville en 1686.

L'histoire témoigne qu'il a joui, sous les règnes de Louis XIII et de Louis XIV, d'une réputation d'habileté, qui lui valut d'être chargé de peindre le grand cabinet du château de Fontainebleau, où il exécuta quatorze tableaux de sa composition, qui étaient :

Les Pélerins d'Emaüs;

La Fuite en Égypte;

Elie et la veuve de Sarepta;

L'Ange et l'ânesse de Balaam;

Tobie et l'ange;

Abraham recevant les anges;

Jésus et la Samaritaine;

Jésus dans le désert;

Moïse présenté à la fille de Pharaon;

Saint Jean dans le désert;

Le Bon Samaritain;

Tobie effrayé par le poisson;

L'Ange apparaissant à Manné et à sa femme, et leur annonçant Samson;

Et l'Ange qui veut faire mourir Moïse.

Ces tableaux jouissaient d'une célébrité justement méritée, si la notice où nous puisons ces détails est exacte, et nous sommes porté à croire qu'elle l'est, du moins en partie. Les sujets qu'ils retraçaient animaient des paysages qu'ornaient de vastes et beaux monumens d'architecture, dans un goût approchant de Claude le Lorrain, que Mauperché s'était proposé pour modéle, toutefois, sans adopter sa méthode de fondre ses touches et de les noyer dans des glacis ; inspiré des maîtres de l'École vénitienne, il crut faire mieux en cherchant leur manière qu'il rendit parfois avec assez de bonheur.

Mais s'il peignait bien le paysage et l'architecture, il ne fut pas heureux dans les animaux, qu'il faisait trop massifs, ni dans la figure humaine, qui, dépourvue de noblesse, manque toujours, chez lui, de correction dans les parties et de justes proportions. D'ailleurs, il ne sut presque jamais appliquer aux sites et aux fabriques qui entrent dans ses compositions le caractère convenable aux pays où s'étaient passées les scènes qu'il représentait. Ainsi, en retraçant des faits accomplis sur les rives du Jourdain, du Tigre et du Nil, ses sites étaient toujours ceux de France, et le plus souvent de Fontainebleau, enrichis, outre mesure, de monumens de l'architecture grecque.

Quoi qu'il en soit, le tout ensemble de ses compositions était naïf et gracieux, et son coloris éclatant. Cependant le Musée royal ne contient aucune de ses productions, bien qu'elles aient fait le charme de nos aïeux, il y a près de deux siècles. Ce maître ne saurait être plus long-temps dédaigné, pour la gloire de notre École, si l'on fait attention que, membre de l'Académie de peinture, lors de sa fondation, il en fut élu professeur, et que c'est le seul paysagiste qui ait joui de cet honneur, jusqu'à la dissolution de cette Académie.

Nous avons, de sa main, cinquante et une estampes gravées d'une pointe badine et légère, dans la plupart desquelles brille un effet de clair obscur extrêmement séducteur. A un petit nombre d'exceptions près, ces pièces démontrent que l'artiste eut plus de pratique que de génie et plus de manière que de bon goût.

Une seule est datée, c'est notre n° 51, qui peut servir à démontrer que les n⁰ˢ 8, 24 et 27, traités dans le même goût, sont de la même époque, que ne tardèrent pas à suivre les n⁰ˢ 1, 9 et 22 d'un faire large et dans la grande manière du maître qui, visiblement, débuta par le n° 23 et finit par les n⁰ˢ de 34 à 39.

Toutes ces estampes sont d'une grande rareté, due, en partie, à l'extrême légèreté de la pointe que le burin a rarement fortifiée, ce qui ne permit pas aux planches de tirer un grand nombre d'épreuves satisfaisantes.

OEUVRE

DE

MAUPERCHÉ.

———◇———

SUJETS DE LA BIBLE.

—

1. *L'Ange luttant contre Jacob.*

La droite de ce morceau offre une forêt, à l'entrée de laquelle, vers le milieu de l'estampe, se voit l'ange qui lutte contre Jacob. Ils sont debout, sur un chemin conduisant au milieu du bas, baigné, en totalité, par des eaux venant du milieu du fond, et parsemé de rochers vers le bas de la gauche. Le fond de ce dernier côté présente un site montueux orné de fabriques et borné à l'horizon par de hautes montagnes.

Dans la marge : *Hen. Mauperché* ᶦⁿ *pinxit fecit et excudit. Cum priuilegio Regis.*

Largeur : 9 pouces 5 lignes. Hauteur : 6 pouces 9 lignes.

L'HISTOIRE DE TOBIE.

2 à 7. *Suite de six pièces non numérotées, toutes marquées, au milieu de la marge du haut, de ce mot :* TOBIE.

Au premier morceau, dans le milieu de la marge du bas, le nom du maître tracé par lui-même, tel que nous le rapportons n° 19, et, plus loin, ces mots également tracés par l'artiste : *Se vende. en. lille. nostre. dame. deven. le. por. auvin. ala grande. porte. cocher. ché. lauteur. a. paris* (1).

Aux autres, à gauche de la marge du bas, le nom du maître, tel que nous le rapportons.

Largeur : 9 po. 6 à 8 l. Hauteur : 6 po. 8 à 10 l.

On connaît deux états de ces planches :
I. Avant l'adresse de *Gallays*.
II. Avec cette adresse.

2. *Tobie fait ensevelir les morts.*

(1) Le saint homme est debout à la gauche du devant, la main droite posée sur la poitrine, et l'autre élevée en signe, tout à la fois, de recueillement et de bénédiction. Il préside aux funérailles d'un des enfans d'Israël qu'un homme et une femme descendent dans la tombe, au milieu du bas. Un cinquième personnage se voit au delà de la tombe, tenant quelque chose sur l'épaule et livré à la douleur. Au bas de la droite, se voit un sarcophage découvert, dans lequel regardent deux femmes en proie à la plus vive douleur. Au fond, du même côté, deux autres femmes ensevelissent un corps gisant sur le seuil du monument dont nous allons parler. A gauche, est un monument d'une riche architecture, au sein duquel se voit un vase supporté par un soubassement sculpté. Le milieu du fond offre la vue d'un bois d'où s'élèvent deux bouquets d'arbres légers.

---

(1) Presque autant de fautes que de mots. C'est évidemment de **Mauperché** qu'on peut dire, avec plus de raison que de **Claude le Lorrain**, que son éducation fut très négligée.

Le fond de la gauche présente une riche campagne boisée ornée de fabriques, et bornée, à l'horizon, par des chaînes de montagnes ; et le devant, la lisière d'un bois baigné par une pièce d'eau entourée de roseaux.

3. *Tobie devient aveugle.*

(2) La gauche de ce morceau est occupée par le péristyle d'un temple ionique au pied duquel, sur le premier plan, le saint homme est assis. Il porte la main à sa tête, au dessus de laquelle voltige encore la fatale hirondelle. Sa femme, son fils et son chien l'entourent et se lamentent. La droite offre la vue d'une campagne formée de collines douces, ombragée de bouquets d'arbres, embellie de fabriques et terminée, dans le plus grand éloignement, par deux montagnes, l'une arrondie à son sommet et stérile, et l'autre boisée.

4. *Tobie le fils se rend maître d'un poisson monstrueux.*

(3) Le fond de ce morceau représente un site extrêmement montueux, sur lequel on voit çà et là des bouquets d'arbres et des touffes de buissons. Au bas d'un rocher terminé en pointe, vers le milieu du fond, s'élève une chaumière dont la cheminée fume. Sur le premier plan, à droite, au bord d'un fleuve qui s'échappe en cascade d'une caverne existant au milieu de l'estampe, Tobie le fils est assis sur un poisson monstrueux dont il s'est rendu maître,

et après lequel aboie son chien. Il tourne la tête vers
l'ange qui, debout, le regarde en paraissant diriger
ses pas à droite.

5. *Retour de Ragès.*

(4) Cette pièce offre la vue d'un paysage dont le
sol est entrecoupé de collines et de montagnes d'un
aspect singulier. Une rivière paraît couler sur le devant, en travers de la composition, et se perdre dans
un précipice, au bas de la gauche, où sont tombés,
debout, deux troncs d'arbres appuyés, à leurs extrémités apparentes, contre une partie de rocher que
couronnent des arbres dont la cime est tronquée par
le bord supérieur de la planche. Tobie, précédé de
son chien, est en deçà de l'eau, au bas de la droite,
montrant à l'ange Raphaël, debout à côté de lui et
les ailes déployées, l'arrivée, sur la rive opposée, de
la tête du cortége de Sara, dont la suite s'aperçoit
encore, au fond de la droite, dans une vallée aux
deux côtés de laquelle s'élèvent des chaumières. Le
fond de la gauche est orné d'un bois extrêmement
touffu.

6. *Arrivée de Tobie à la maison paternelle.*

(5) En dehors d'un vaste bâtiment en ruine, ombragé d'arbres, d'arbustes et de plantes crus entre
ses pierres, lequel occupe la droite de ce morceau et
dont le rez-de-chaussée paraît seul habitable, Tobie
le père, soutenu par un serviteur que Sara, encore
sur le seuil de la porte, s'apprête à seconder, s'a-
vance vers son fils qui, de la main gauche, oint ses

yeux du fiel du poisson, fiel qu'il paraît tenir de l'autre, tandis qu'Anne s'incline en avant vers l'ange Raphaël, debout, qui va disparaître. Le fond de la gauche offre un site montueux animé par deux personnes, homme et femme, et au bas duquel est une rivière formant cascade qui vient baigner le coin bas de la gauche, où se voit un rocher surmonté de quelques arbres grêles.

7. *L'Ange se découvre à Tobie.*

(6) Vers le milieu du bas, Tobie le père debout, vu de face et les mains jointes, et son fils vu par le dos, ouvrant les bras et prosterné, entendent avec un saint effroi la parole que leur adresse l'ange Raphaël qui leur apparaît sur un nuage descendu à terre. Des vases riches, des ballots d'étoffes, des bestiaux, dot de Sara, garnissent tout le devant de la composition. Un bâtiment ruiné, ayant une fenêtre grillée, adossé à un rocher percé, surmontés, l'un et l'autre, de buissons, de plantes parasites et d'arbres, se voit à la droite du fond ; à la gauche, est une tour ronde ruinée qu'environnent des arbres.

SUJETS DÉTACHÉS DE LA MÊME HISTOIRE.

8. *Tobie offrant le poisson à l'Ange.*

Superbe paysage, au milieu duquel on voit, sur le devant, les vestiges d'un monument d'ordre corinthien, dont six colonnes, réunies par une partie d'entablement, se voient encore debout. En avant de

ce monument, au bas de la droite, l'ange Raphaël
paraît parler à Tobie, qui, genou à terre, lui offre
le poisson qu'il porte et qui avait voulu le dévorer ;
le chien fidèle accourt derrière son maître. Le Tigre
baigne ce côté de l'estampe, et paraît venir à travers
les montagnes du fond, en passant sous un pont de
pierre de cinq arches, qui joint le fond de la droite,
où l'on remarque des fabriques entourées d'arbres,
et le fond de la gauche, composé de montagnes stériles à leur sommet, mais boisées à leur versant, au
milieu et à la gauche du devant.

Dans la marge on lit : *Hen. Mauperché jnuentor
pinxit fecit et excudit. Cum Priuilegio Regis.*

Largeur : 9 po. 7 l. Hauteur : 6 po. 10 l.

9. *L'Ange conseillant Tobie.*

« Cependant l'ange Raphaël dit à Tobie : Aussitôt
» que vous serez entré dans votre maison, commen-
» cez par adorer le Seigneur votre Dieu et lui rendre
» grâces. Approchez-vous ensuite de votre père et le
» baisez, puis appliquez-lui, sur les yeux, de ce fiel
» que vous portez avec vous, et sachez que ses yeux
» s'ouvriront et qu'il verra la lumière du ciel, et sera
» comblé de joie en vous voyant. » Tel est le sujet
que l'artiste a rendu dans cette estampe, où l'ange
et Tobie se voient debout, au bas de la droite, en
avant d'un portique décoré de deux colonnes d'ordre
corinthien, au delà duquel s'élève un bouquet d'arbres. Une rivière coule du fond du même côté et
vient baigner le bas de la gauche, où l'on remarque,

au delà de l'eau, un site rocheux couronné par des arbres. Le fond du milieu offre une montagne stérile.

A gauche, sur l'eau : *Hen. Mauperché jnuentor pinxit fecit et excudit. Cum Priuilegio Regis.*

Largeur : 9 po. 9 l. Hauteur : 7 po. 1 l.

LA PARABOLE DE L'ENFANT PRODIGUE.

10 a 15. SUITE DE **6** PIÈCES NON NUMÉROTÉES.

Vers le milieu de la marge du haut du premier morceau, on lit : *Len Fan prodigue.*

Dans la marge du bas de ce morceau, en une seule ligne : *H. Mauperche in fecit. Se vende che lautaur dans lille nostre Dame Sur le guait de Bourbon de Vans le por au Vin A paris, Auec priuillege du Roy.*

Dans la marge des autres morceaux, à gauche : *Hen. Mauperché jnuentor pinxit fecit et excudit. Cum Priuilegio Regis.*

Largeur : 9 po. 6 à 10 l. Hauteur : 6 po. 6 à 10 l.

10. *Ruben le met en possession de son héritage.*

(1) Placé sur le perron d'un palais somptueux d'architecture grecque régnant à droite et embrassant presque toute la largeur de l'estampe, le père d'Azaël lui remet, ainsi qu'à son serviteur, des vases précieux qui, avec les autres effets que deux hommes rangent au bas de la droite, doivent compléter les biens de son héritage.

11. *Départ pour Memphis.*

(2) Azaël est à cheval, précédé de son chien, pressant du geste et de la voix son guide, qui paraît re—

cevoir les dernières instructions de deux personnages
debout derrière lui. Cette scène se passe au bas de la
gauche, en avant de la rampe du perron du palais de
Ruben, qui, placé avec Nephtale dans une tribune
au premier étage, la contemple, ainsi qu'elle, avec
attendrissement.

12. *L'Enfant prodigue dissipe son bien.*

(3) Assis près d'un petit temple d'ordre corinthien
au toit pyramidal, placé en avant d'un magnifique
arc de triomphe qui se voit à gauche, à l'entrée d'un
parterre à la française qui s'étend jusqu'au bord de la
droite, Azaël reçoit les embrassemens de la moabite
Lia, tandis que d'autres femmes perdues le couronnent de fleurs ou chantent aux sons d'un cistre.

13. *L'Enfant prodigue est ruiné complétement.*

(4) Pays montueux, au milieu duquel coule une
rivière traversée par un pont d'une seule arche, et
dont les rives escarpées sont ornées de différens
groupes d'arbres et de buissons épars. Sur le premier
plan, à gauche, on voit Azaël abandonné, honni et
frappé par ses faux amis, non loin d'un arc de
triomphe d'ordre corinthien, monument présumé
l'une des portes de Memphis. Le fond de la droite
offre des chaînes de hautes montagnes fuyant du
même côté.

14. *L'Enfant prodigue gardant des pourceaux.*

(5) Site couvert de rochers, coupé par une rivière
tombant en cascades du milieu du fond, et fuyant au

bas de la gauche. La rive, de ce côté, offre une montagne surmontée d'un château ruiné, sur le versant de laquelle on remarque une tente dressée au pied d'un bouquet d'arbres. La rive opposée présente l'entrée d'une forêt, où se voit Azaël à genoux, les mains élevées, et implorant la miséricorde du Seigneur. Son troupeau occupe le premier plan.

15. *Azaël de retour à la maison paternelle.*

(6) Il se jette aux pieds de Ruben, qui, touché du repentir de son fils, lui accorde son pardon; des serviteurs apportent des vêtemens. La scène se passe à droite, en avant d'un berceau d'ordre corinthien, non loin d'un sarcophage, constructions dépendant du palais de Ruben, qui se voit au fond de la gauche.

SUJETS DE SAINTETÉ.

—

LA VIE DE LA VIERGE.

16 A 21. SUITE DE **6** PIÈCES NON NUMÉROTÉES.

Largeur : 11 po. 3 à 4 l. Hauteur : 7 po. 10 l. à 8 po.

On connaît deux états de ces planches :
I. C'est celui que nous allons décrire.
II. Avec l'adresse de *P. Giffart.*

16. *L'Annonciation.*

(1) Sous le vestibule d'un palais somptueux, s'étendant de la droite jusqu'aux deux tiers de l'es-

tampe, la Vierge, assise sur un riche fauteuil à dossier, écoute la parole que l'ange, descendu sur un nuage à gauche, lui adresse en lui présentant une branche de lis. Le Saint-Esprit plane dans une gloire qui se voit dans l'angle haut du même côté, au dessus d'un beau paysage.

Dans la marge du bas : *H. Mauperche in feit Se Vende chez lauteur dans lille nostre Dame Sur le guait de Bourbon de Vans le por au Vin A Paris — A Vuec priuillege du Roy.*

17. *La Visitation.*

(2) Sainte Élisabeth descend les degrés de l'une des ailes d'une riche galerie circulaire prenant à gauche et finissant tout près de la droite, pour venir à la rencontre de la Vierge, venue de la droite, et qui se jette dans ses bras, sur le premier plan.

Dans la marge : *H. Mauperche in fecit Auec priuillege du Roy.*

18. *La Nativité.*

(3) Au bas de la gauche, sous l'une des arcades d'un palais en ruine, décoré, à rez-de-chaussée, de pilastres doriques, et surmonté d'une colonnade d'ordre corinthien, se voit l'enfant Jésus nouvellement né, que la Vierge, assise en face et les mains jointes, adore. Trois bergers sont agenouillés en dehors, et offrent des présens. A droite, tout près de l'escalier d'un riche palais décoré de trois ordres d'architecture, se voient d'autres personnages et leur

monture. Au milieu de l'estampe, entre les deux monumens, un haut et vigoureux palmier s'élève à côté d'un arbre mort. Dans le plus grand éloignement, des collines que domine une montagne, sur lesquelles le sujet de l'annonce aux bergers est retracé.

Dans la marge : *H. Mauperche* *in fecit* *Auec priuillege du Roy.*

19. *L'Adoration des Rois.*

(4) **A** gauche, sur le dernier palier de l'escalier extérieur d'un vaste palais à riche colonnade régnant dans toute la largeur de la composition, la Vierge, assise, tient sur ses genoux le Sauveur, qui reçoit le présent d'un des rois prosterné. En avant et aux deux côtés extérieurs de la rampe de l'escalier, se voient les autres rois et leur cortége.

Dans la marge : *H. Mauperche. in. fecit. Se Vende che lautaur dans lille nostre Dame sur le guait de Bourbon de Vans le por au Vin A paris. Auec priuillege du Roy.*

20. *La Présentation au Temple.*

(5) La Vierge, suivie de saint Joseph portant deux colombes, présente l'enfant Jésus au grand-prêtre, à gauche, sur les premiers degrés du temple, qui occupe presque tout le devant de la composition.

Dans la marge : *H. Mauperche in fecit Auec priuille du Roy.*

21. *La Fuite en Égypte.*

(6) Au bas de la droite, à l'ombre de trois grands arbres, la sainte Vierge, assise et tournée à gauche, donne le sein à l'enfant Jésus, ce que contemplent trois anges, dont deux sont agenouillés. Saint Joseph et l'âne chargé arrivent de ce côté ; ils sont au milieu du devant, et paraissent sortir d'une vaste caverne qui se voit dans le bas de la gauche. Une rivière, paraissant venir du milieu du fond, coule en serpentant vers la droite, derrière le groupe d'arbres. Un pont la traverse au milieu de l'estampe, sur lequel un homme et une femme, appuyés sur son parapet, s'entretiennent. Le chemin qui y mène, de la droite, est parcouru par une femme montée sur un âne, et par deux mulets chargés suivis de deux hommes qui regardent la scène du bas. Au delà, près d'une chaumière, un homme, à côté d'une femme en proie à la plus vive douleur, emporte un enfant pour exécuter l'édit d'Hérode. Le surplus du fond de la droite est occupé par une montagne boisée, au sommet de laquelle se voit une fabrique ; le fond de la gauche est couvert de bouquets d'arbres et d'arbrisseaux du plus agréable effet.

Dans la marge, à droite : *H. Mauperché. in. feci. Cum priuilegio Regis.*

22. *Repos dans la fuite en Égypte.*

Au bas de la gauche, sur un tertre en avant d'un groupe de trois gros arbres, dont deux sont tronqués, la sainte Famille se repose, ayant derrière elle l'âne qui broute. Du côté opposé, est une montagne couronnée d'arbres, du haut de laquelle une chute d'eau tombe en bouillonnant dans une espèce de bassin naturel, et retombe d'abord vers le milieu pour couler au fond de la gauche, et ensuite, mais en cascade, dans le bas de la droite. Le milieu du fond offre un site extrêmement montueux qu'orne une fabrique et que couronne une haute montagne.

Dans la marge, à gauche : *Hen. Mauperché juuentor pinxit fecit et excudit. Cum Priuilegio Regis.*

Largeur : 9 po. 10 l. Hauteur : 7 po. 5 l.

23. *Saint Jean-Baptiste.*

Le saint est assis à gauche, au bas d'un rocher qu'avoisine un bois, tourné à droite et regardant en face. Il tient d'une main sa croix, et fait de l'autre une indication vers la droite du fond. Un belier est à côté de lui.

Dans la marge, au milieu : s. IOANNES BAPTISTA, et, à gauche : *Hen. Mauperché pinxit fecit et excudit. Cum Priuilegio Regis.*

Hauteur : 5 po. 1 l. Largeur : 3 po. 9 l.

24. *Saint Jean prêchant dans le désert.*

On voit, à la gauche de ce morceau, une masse de rochers percés en arcades, surmontée d'arbres et de plantes parasites, au dessous de laquelle paraît être la source d'une rivière qui coule dans le bas de la droite, après avoir baigné le bas de la gauche, où se voient des roseaux et des plantes au large feuillage, et un monticule qu'ornent le tronc d'un arbre rompu et un bouquet de trois arbres que tronquent les bords du haut et de la droite de l'estampe. Derrière ce monticule, on voit saint Jean qui prêche la foi à un grand nombre de personnes au fond de la droite.

Au milieu de la marge : *Hen. Mauperché jnuentor pinxit fecit et excudit. Cum Priuilegio Regis.*

Largeur : 9 po. 8 l. Hauteur : 6 po. 11 l.

25. *La Madeleine* (1).

La sainte est en prières. Dans les airs, des anges portent une grande croix.

Largeur : 11 po. 3 l. Hauteur : 8 po.

26. *Le Miracle.*

Sur le premier plan de la gauche, au bord d'une forêt épaisse, un religieux fait de vains efforts pour soulever le tronc d'un arbre tombé sur le corps d'un homme, qu'un autre religieux, dont la tête est environnée d'une auréole, prend d'une main et paraît dégager en lui montrant le ciel de l'autre. Un jeune homme, au haut de la gauche, appuyé sur la souche de l'arbre, contemple cette scène avec étonnement. Le fond de la droite offre la vue d'un bois dont la

---

(1) N'ayant pu réussir à voir cette pièce, nous puisons ce que nous allons en dire dans le Catalogue Rigal.

lisière paraît baignée par les eaux d'une rivière qui fuit du même côté.

Dans la marge, à gauche : *H. Mauperche. fecit excudit auec priuil. du Roy;* et à droite : *H. Swanevelt in.*

Largeur : 9 po. 9 l. Hauteur : 6 po. 9 l.

On connaît deux états de cette planche :

I. C'est celui décrit.

II. Le mot *excudit* effacé , et , à la place du nom de Swanevelt pareillement effacé, on lit : *Gallays ex.*

❖

SUJETS PROFANES.

—

27. *Le Supplice de Marsyas.*

Au bord d'un chemin aboutissant au bas de la gauche, lequel paraît traverser une forêt qui s'étend de ce côté jusqu'aux trois quarts de la planche, le satyre Marsyas est tenu attaché par deux hommes, dont un le frappe, au pied d'un arbre tronqué, au milieu de la composition, tandis qu'Apollon l'écorche. Une large rivière baigne la droite, dont le rivage du devant est orné de roseaux et de plantes aquatiques au large feuillage ; celui qui lui est opposé offre un site montueux couronné par un château fort, et terminé par une haute montagne stérile.

Dans la marge : *Hen. Mauperché jnuentor pinxit fecit et excudit. Cum Priuilegio Regis.*

Largeur : 9 po. 7 l. Hauteur : 6 p. 11 l.

                    MAUPERCHÉ.

LES PETITS PAYSAGES.

28 a **33**. SUITE DE **6** PIÈCES NON NUMÉROTÉES

A chacune de ces pièces, dans la marge ou sur la terrasse : *Hen. Mauperché pinxit fecit et excudit. Cum priuilegio Regis.* Largeur : 3 p. 10 l. à 4 po. 2 l. Hauteur : 2 po. 9 l. à 3 po. 2 l.

28. *La Bergère assise.*

(1) Rivière venant du fond de la gauche, coulant sur le devant et fuyant au bas de la droite, où elle passe entre de grosses pierres, sur deux desquelles est jetée une planche en forme de pont, où se voient deux personnes conversant. Ce pont aboutit à un chemin qui serpente, au fond de la droite, entre deux collines coupées à pic, dont l'une, au milieu du sujet, est ornée d'un bouquet d'arbres. Au bas de la gauche, une bergère assise, vue par le dos, garde son troupeau au bord de la rivière. Le fond de ce côté présente un site boisé terminé à l'horizon par une haute montagne.

29. *Homme et Femme conversant.*

(2) A droite, au bord d'un chemin dont le bord escarpé est couvert, de ce côté, d'arbustes et d'arbres qui se perdent dans le haut de l'estampe, un homme et une femme debout conversent. Ce chemin conduit dans le fond de la gauche, en longeant, d'un côté, un petit bois faisant le fond du milieu, et de l'autre, une rivière coulant dans le bas de la gauche, sur laquelle, dans le lointain, un pont de bois est pratiqué.

30. *Les deux Colonnes debout.*

(3) Vestiges d'un monument, dont deux colonnes sont encore debout, à droite et au milieu de l'estampe ; à gauche et au milieu, sont des collines boisées à leur sommet. Sur un tertre, de ce dernier côté, paraît, assis, un homme, espèce de pélerin, qui regarde le monument, qu'une eau limpide, s'étendant sur tout le devant de l'estampe, baigne, et dans laquelle il se réfléchit. Cette pièce est la seule qui n'ait pas de trait carré.

31. *Le Pont de pierre à la croix.*

(4) Chemin venant de la gauche, parcourant un pont de pierre de deux arches, surmonté d'une croix étant au milieu, et conduisant, au fond de la droite, dans un bois où l'on voit deux personnes debout. Ce pont traverse une rivière venant du fond de la gauche et coulant au bas de la droite. En avant, est assis un mendiant qui tend la main à deux femmes debout et conversant au bas de la gauche.

32. *Le Groupe de trois personnes.*

(5) Au milieu de la composition, sur un chemin rampant qui descend d'une habitation close de murs s'élevant à gauche sur une montagne que baigne une rivière, trois personnes s'entretiennent, tandis que deux autres se dirigent dans le lointain vers l'habitation. A droite, se voit une colline verte ornée d'un arbre qui se perd dans le haut de la planche.

33. *Effet de nuit.*

(6) Charmant paysage qui rappelle le *faire* de Van-Uden. Un bois épais, d'où s'élève un grand arbre dont la cime se perd dans le haut de la planche, règne sur le premier plan, en tirant de la droite jusqu'aux trois quarts de la largeur de l'estampe. A ce dernier point, sur le premier plan, un homme est assis sur le revers d'un monticule, et, dans le lointain, un site montueux orné de fabriques. La lune paraît colorer à droite, de ses rayons argentins, les masses de ce délicieux paysage.

LES MOYENS PAYSAGES.

Iʳᵉ Suite, *d'une pointe grosse et lâche, composée de* 6 *pièces* (*de* 34 *à* 39) *non numérotées.*

Dans la marge du bas, on lit : *Hen. Mauperché jnuentor pinxit fecit et excudit Cum Priuilegio Regis.*
Largeur : 5 po. 4 à 8 l. Hauteur : 3 po. 11 l. à 4 po. 1 l.

34. *Les deux Vestiges de monumens.*

(1) Au bas de la droite, s'élève un monument d'ordre dorique, en partie ruiné, qu'environnent des débris et des arbres. Deux curieux se voient, l'un au pied du monument, et l'autre au milieu de l'estampe, qui paraît interroger un berger assis là, et dont le troupeau épars est au bas de la droite. Deux autres amateurs, descendant d'une montagne escarpée qui occupe la gauche, semblent avoir fini de visiter un autre monument, d'ordre composite,

qui s'aperçoit à mi-côte. Le sommet de la montagne est boisé et orné de fabriques.

35. *La Cascade.*

(2) Du sein de hautes montagnes boisées à leur sommet, qui s'élèvent à droite jusqu'au bord supérieur de la planche, et fuient dans le fond de la gauche, s'échappent des eaux en cascade, qui courent du milieu vers le bas de la gauche. A mi-côte, un pont de bois que vont franchir deux personnes, dont une a un paquet sur la tête. Sur le milieu du devant, quatre hommes, l'un assis et se chaussant, et les autres debout, s'occupant à pêcher au bord de l'eau. De l'autre côté de la rivière, à gauche, en avant d'une tente tendue en avant de plusieurs arbres, deux personnes, l'une assise, l'autre debout, paraissent s'entretenir.

36. *La Colonnade.*

(3) Site montueux et sauvage, où se voient deux hommes, vers le milieu du devant, qui se dirigent à droite, où l'on remarque la colonnade d'un temple composite en ruine. A gauche, sur le plateau d'une colline, un berger garde son troupeau.

37. *Les cinq Arceaux.*

(4) Deux personnes, homme et femme, viennent de la droite, en avant des restes d'un monument d'ordre ionique, dont cinq arceaux souterrains se voient en perspective au milieu de l'estampe, sur-

montés, à droite, d'un pan de muraille, que deux personnes, au fond de ce côté, regardent. Au bas de la gauche, deux autres personnages paraissent contempler ces débris que couronnent des arbres.

38. *Le Pan de muraille.*

(5) Une rivière, paraissant venir du milieu du fond, coule, en serpentant, jusqu'au bas de la droite. Au delà, dans le fond de ce côté, une haute montagne boisée offre quelques substructions; en deçà, vers le milieu du bas, un homme assis semble se déchausser, et deux autres s'occupent au bord de la rivière, et, à gauche, on aperçoit un pan de muraille d'une riche architecture vers lequel se dirigent un homme et une femme.

39. *La Tour ruinée.*

(6) A gauche, une tour ruinée, couverte d'arbustes et de plantes parasites, s'élève jusqu'au haut de l'estampe. Une femme, la hotte sur le dos, tenant un jeune enfant par la main, est sur le premier plan et paraît venir rejoindre trois hommes, debout au bas du milieu, qui chargent des planches. Un site extrêmement montueux occupe le fond de la droite et du milieu, il est planté d'arbres à son sommet.

IIe Suite, *d'une pointe fine et serrée, composée de* **6** *pièces (de* **40** *à* **45**) *non numérotées.*

Largeur : 5 po. 8 à 9 l. Hauteur : 3 po. 10 l. à 4 p. 1 l.

40. *Le Pont de pierre.*

(1) A mi-côte d'une montagne qui s'élève au fond de la droite et que des arbres et des buissons garnissent çà et là et couronnent, on voit un chemin circulaire, parcouru par plusieurs figures, venant du milieu du fond, et qui aboutit à une chaussée en maçonnerie, percée de deux arcades, coupée par le bord droit de la planche. Le devant, du même côté, est baigné par une rivière qui vient de dessous un pont en pierre d'une seule arche, communiquant du bas de la montagne au côté gauche de l'estampe. Ce pont est parcouru par deux mulets chargés suivis de leur conducteur. Au bas de la gauche, est un bouquet de cinq arbres dont deux sont tronqués. Le fond, de ce côté, offre des chaînes de montagnes arides.

Dans la marge, à gauche : *H. Mauperché in fecit. Cum priuilegio regis*; et à droite : *Se. vende. en. lille. nostre. dame. deuens. le. por. au. vin. a la grande porte. cocher. Che. l'auteur. aparis.*

41. *Le Paysage au dessinateur.*

(2) Vue de substructions, à droite, au pied desquelles un dessinateur est assis et que regarde un curieux. Au milieu du fond, des pêcheurs au bord d'une rivière qui paraît baigner partie de ces ruines,

et, au delà, une rive escarpée couronnée par des arbres, dans laquelle est pratiqué un souterrain fermé d'une porte, dont un homme s'approche. Le fond de la gauche présente une auberge d'où sort un cavalier au galop.

Dans la marge, à droite : *H Mauperché. in. fecit. cum. priuilegio. Regis.*

*42. Les Bâtimens sur la montagne.

(3) A gauche, est une montagne au sommet de laquelle on remarque et de vieilles tours et des bâtimens habitables. A son revers, au milieu, se voit une tente sous laquelle on distingue deux figures. Sur le premier plan, à gauche, un homme est assis sur une roche, et, vers le milieu, deux hommes debout portent des perches.

Dans le milieu de la marge : *H Mauperche in fecit excud. Cum priuilege du Roy.*

43. *Le Rocher percé.*

(4) Vaste rocher couvert d'arbres et de buissons, s'étendant sur presque toute la largeur de l'estampe, et percé à droite. A gauche, un pont, que deux hommes franchissent, conduit à un moulin à eau construit en avant du rocher. Sur le premier plan, au milieu, deux voyageurs conversent et se dirigent à droite.

Dans le milieu de la marge, l'inscription du n° 42.

44. *Homme et femme se reposant.*

(5) Ce morceau offre, à son milieu, la vue d'une vallée qui se prolonge dans le plus grand lointain et dont les deux côtés, à droite et à gauche, s'élèvent en coteaux escarpés ornés d'arbres et de buissons. Au bas de la droite, au bord d'un chemin, un homme et une femme se reposent. L'homme est assis sur une pierre, adossée à une roche derrière laquelle s'élèvent des buissons et deux arbres dont la cime touche au bord supérieur de la planche. La femme est assise, en face de lui, sur le côté opposé. A gauche, un rocher que baigne une eau claire est ombragé par trois arbres crus à son sommet.

Dans le milieu de la marge, l'inscription du n° 42.

45. *Les deux Maisons dans l'enclos.*

(6) Des rochers existant dans le coin bas de la gauche cachent, en partie, un pont pratiqué sur la rivière qui baigne leur pied et un tiers environ du bas de l'estampe. Au bas de la droite, un pauvre, assis, demande l'aumône à un passant, espèce de religieux, qui paraît devoir faire route avec un homme et une femme qui cheminent au milieu, où l'on voit, en face du pont, le mur, en partie ruiné, d'un enclos où existent deux maisons debout et les restes d'un ancien édifice. Cet enclos est pratiqué au bas d'une montagne boisée ayant, à son sommet, un château fort, laquelle, coupée par le bord droit de la planche, s'étend jusqu'aux deux tiers du fond, où

se remarque une vallée qui sépare cette montagne d'une autre, également boisée, et couverte de fabriques qu'on aperçoit au fond de l'extrême gauche.

Dans la marge, au milieu : *H. Mauperché* inf *excud cum priuilegio Regis.*

GRANDS PAYSAGES.

46. *Le Pont sous le grand chemin.*

Au bas de la droite, en avant d'un bois baigné par les eaux, une femme, portant un paquet sur la tête et tenant son jeune enfant par la main, écoute ce que semble lui dire l'un des deux hommes, espèces de pêcheurs, qu'on voit en cet endroit au bord d'une rivière qui, venant du fond, passe sous un pont d'une seule arche qu'on aperçoit sur le second plan de la droite, et coule à travers des rochers en baignant le devant, pour fuir au bas de la gauche. Au milieu de l'estampe, un bouquet d'arbres ombrage un grand chemin qui traverse le pont, et que parcourent, à droite, un homme suivi d'un jeune garçon, et, en sens contraire, à gauche, un bouvier et deux vaches. Le fond de la gauche offre des collines où paissent des bestiaux, et surmontées par des ruines de monumens qu'environnent des arbres.

Dans la marge, à gauche, l'inscription rapportée n° 20, comme second *fac simile* de l'écriture du maître, et, à droite, cette autre : *Se. Vende. en. lille. nostre. dame. deuen. le. por. au. vin. alagrand porte. cocher. che. lauteuer. aparis.*

Largeur : 9 po. 10 l. Hauteur : 6 po. 10 l.

47. *La Famille en voyage.*

On voit, au milieu de ce paysage, une femme tenant, dans ses bras, son jeune enfant, montée sur
un âne qu'un jeune garçon conduit pas à pas en attendant, sans doute, le père de famille qui, debout,
paraît demander son chemin à deux hommes assis en
face de lui, au bas de la droite, à l'ombre d'un bouquet de grands arbres. A gauche, sur un terrain marécageux, un homme, le bâton levé, chasse deux
chèvres qui courent au milieu du devant; ce marécage est bordé par un bois touffu. Au milieu du fond,
on voit les restes d'un monument d'une riche architecture.

Dans la marge, à gauche : *H Mauperche. in fecit. auec priuil. du Roy.*

Largeur : 9 po. 6 l. Hauteur : 6 po. 8 l.

48. *La Pêche aux écrevisses.*

Paysage couvert des ombres du crépuscule, offrant
la vue d'une riche campagne, dans le fond de laquelle, vers le milieu, s'élève une haute montagne
que décorent une tour et des ruines d'anciens édifices; elle est précédée de prairies, sur lesquelles un
berger garde son troupeau. Au bas de la gauche,
deux femmes assises sur leurs talons près d'un baquet, et trois hommes, dont l'un porte un échiquier,
paraissent occupés de la pêche aux écrevisses au
bord d'une rivière qui, après plusieurs circuits faits
dans la plaine, coule en cet endroit. Des arbres or

nent ce beau paysage, au fond de la gauche, où se remarquent deux ponts, et au bas de la droite.

Dans la marge, à gauche : *H. Mauperche. in. fecit. Cum priuilegio Regis.*

Largeur : 9 po. 10 l. Hauteur : 6 po. 8 l.

49. *La Fontaine monumentale.*

Au sein des vestiges d'un temple d'ordre dorique embrassant la moitié, vers la droite, de l'estampe, lesquels sont garnis d'arbres, d'arbustes et de plantes parasites en pleine végétation, se voit une fontaine d'une riche architecture, du gros mascaron de laquelle s'échappe une eau limpide, dont, déjà, boit une personne, et dont une autre s'apprête à boire, étant penchée pour en recueillir dans une coupe. En avant du péristyle de ce temple, vers le milieu du fond, deux couples de personnes conversent. Au bas de la gauche, à l'ombre de deux grands arbres, se voit une bergère gardant son troupeau, à laquelle paraît en conter un jeune berger.

Dans la marge, à gauche : *H. Mauperche. in. fecit. excudit. auec. priuil. du. Roy.*

Largeur : 9 po. 7 l. Hauteur : 6 po. 10 l.

50. *Le Paysage d'après Both.*

A droite, sur le premier plan, une paysanne, vue par le dos, est assise sur sa monture, qu'un homme, en chapeau rond, vu de profil, dirige sur un chemin aboutissant au bas du devant et qui conduit au fond du milieu, où se voient les restes d'un monument colossal, au coin duquel débouche un troupeau

suivi d'un berger à qui un voyageur semble demander son chemin.

Dans la marge, à gauche : *H. Mauperché. fecit.
excud. auec priuil. du Roy*; et à droite : *Both inv.*

Largeur : 9 p. 6 l. Hauteur : 6 po. 8 l.

On connaît deux états de cette planche :
I. C'est celui décrit.
II. Les mots de la droite effacés.

51. *Plan de Liancourt.*

Vue topographique de la terre de Liancourt. Pièce
en 4 feuilles qui s'assemblent 2 par 2 en les super-
posant. Ainsi réunies, elles portent :

Largeur : 43 p. 6 l. Hauteur : 30 p. 3 l., non compris les
marges.

Dans la marge du haut, portant neuf lignes, on lit : *Plan
de Liancourt scituée dans Lisle de France entre Creil et Clermont.*

Dans celle du bas, portant deux pouces, l'explication, en
huit colonnes, des renvois indiqués dans le plan. A la fin de
la dernière colonne, on lit : *H. Mauperché fecit. Auec priuillege du Roy. Se vende chez l'auteur dans lisle nostre Dame Sur
le guait de Bourbon deuant le port au Vin à la premiere porte
cochere à Paris* 1654.

Aux deux côtés de cette explication se voient les armoiries
de la **Rochefoucauld** et de **Liancourt**.

———◦——

PIÈCES DOUTEUSES.

—

1. *La Sainte-Famille.*

La Vierge, assise de face, au milieu de l'estampe,
tient, sur elle, l'enfant Jésus debout, et prend, par

l'avant-bras, le petit saint Jean, venant de la gauche, pour le présenter à son divin fils. Saint Joseph, dans le fond de la droite, appuyé sur un mur, regarde cette scène.

Au milieu du bas : *H Mauperche excud. Cum priuillie Regis.*

Largeur : 5 po. Hauteur : 4 po.

2. *Le Repos en Égypte.*

Sur des degrés en pierre, qui se voient au bas de la gauche, au pied d'un massif d'arbres dont on n'aperçoit que la base et quelques faibles branchages, la sainte Vierge, assise, la tête couverte d'une draperie et rayonnante, regarde, en souriant, son divin fils posé sur son giron, qui porte la main sur le sein de sa mère. Saint Joseph, nu-tête, le corps retourné vers le fond, s'appuie la tête sur sa main droite, qu'il accoude sur son genou. L'âne se voit, paissant à droite, en avant d'un monticule couronné de buissons et d'arbres. Pièce sans marque et traitée dans le goût de la précédente.

Largeur : 8 po. 10 l. Hauteur : 4 p. 10 l.

Pièce faussement attribuée à Mauperché, et qui est de Goyrand.

On voit, à la gauche de cette estampe, les restes d'un superbe monument dont le portique, décoré de colonnes d'ordre ionique, de bas-reliefs et de statues, est observé par deux groupes de dames de distinction, l'un au repos, l'autre marchant. Un bois occupe la gauche et le milieu du fond dont les arbres se reflètent dans une pièce d'eau qui est au milieu du bas. Le fond du milieu et de la gauche est borné par une chaîne de hautes montagnes stériles fuyant à gauche.

Au milieu de la marge : *Hen. Mauperché junentor pinxit fecit* (ce dernier mot mal effacé) *et excudit. Cum Priuilegio Regis;* et, à droite : *Cl. Goyrand fecit.*

TABLE

DES ESTAMPES GRAVÉES PAR MAUPERCHÉ.

DE LA HYRE.

Laurent De La Hyre naquit à Paris en 1606. Il
eut d'abord pour maître son père, Étienne De La
Hyre; ensuite, il fut disciple de Simon Vouet dont
il ne tarda pas à quitter la manière pour suivre celle
qu'il dut à son propre génie, aidé des leçons d'architecture et de perspective qu'il prit chez le célébre
Desargues, et de l'étude des ouvrages du Rosso, du
Primatice et des autres grands maîtres, qui, alors,
dans presque tout leur éclat, se voyaient à Fontainebleau. Il consulta la nature, sans doute, mais ce
fut en France; car il ne vit point l'Italie. Il mourut
dans sa ville natale en 1656.

Nous lui devons trente-cinq estampes gravées
d'une pointe extrêmement badine et gracieuse dans
le paysage, mais moins légère que sèche dans la plupart des autres sujets qu'il lui fit rendre.

Aucune de ces estampes n'accuse cette savante
distribution de clair obscur, cette harmonie enchan-
teresse qui se remarquent dans les chefs-d'œuvre de
Claude le Lorrain et de Mauperché, et qui font les
délices des amateurs; mais, quoique dépourvues d'un
attrait aussi puissant, elles ne laissent pas cependant
de satisfaire le goût et l'esprit des peintres et des amateurs, parce que beaucoup d'entre elles retracent

des tableaux du maitre détruits pendant la tour-
mente de 1793 à 1794, et dont le mérite, selon l'histoire, était incontestable.

Toutefois, ce qui démontre le succès qui accom-
pagna ces estampes à leur apparition et la vogue
dont elles ont constamment joui depuis, ce sont leurs
fréquens changemens d'adresse. La plupart des
planches doivent exister encore, et la manière dont
elles sont gravées laisse présumer un assez long ti-
rage.

OEUVRE

DE

DE LA HYRE.

◆

SUJETS PIEUX.

—

1. *Le Sacrifice de Gédéon.*

A gauche de la composition, l'ange est debout, vêtu d'une tunique blanche. Sa main gauche est élevée, et, de l'autre, il tient le bâton dont il touche et allume le sacrifice posé sur l'autel de Baal même d'où l'on voit s'élever la flamme. A côté de l'ange, vers le milieu, Gédéon, un genou à terre, semble dire : *Hélas ! Seigneur mon Dieu, j'ai vu l'ange du Seigneur face à face.* Le fond de la gauche représente un bois; on y distingue le chêne au pied duquel l'ange était assis lorsqu'il apparut à Gédéon. Au milieu du fond, une caravane se dirige vers des eaux qui s'échappent en cascades du pied d'une montagne couronnée d'arbres, qui occupe la droite.

Sur la terrasse, à gauche, près du trait carré, le nom du maître tracé par lui-même, tel que nous le rapportons n° 21.

Cette pièce est gravée sur deux planches dont les

épreuves se réunissent côte à côte. Les deux morceaux joints ont les dimensions que voici :

Largeur : 29 po. 4 l. Hauteur : 12 po. 6 l., non compris la
marge qui porte 7 l.

On connaît deux états de cette planche :
I. Avant l'adresse d'*Anthéaume*.
II. Avec cette adresse.

2. *La Circoncision*.

Le grand prêtre est debout, vers la gauche, et
l'enfant Jésus est placé sur l'autel, de forme ronde,
qui se voit au milieu du temple.

Dans un cartouche, au haut de l'estampe : *Cir-
concisio ;* et au bas de la gauche, sur le pavé : *L. de
la Hyre fecit.*

Hauteur : 5 po. 3 l. Largeur : 4 po. 1 l.

3. *Repos en Égypte*.

Au milieu de cette estampe, la Vierge, assise en
avant de gros arbres, a donné le sein à l'enfant Jésus dont elle soutient la tête. Elle s'appuie sur une
pierre, étant à droite, et derrière laquelle est saint
Joseph.

Sur cette pierre : *L. De La Hyre in. et sculp.
Cum. p. Regis ;* et dans la marge : *de l'Imprimerie
d'Herman Weyen.*

Largeur : 5 po. 8 l. Hauteur : 3 po. 5 l.

On connaît deux états de cette planche :
I. C'est celui décrit.
II. L'inscription de la marge effacée.

4. *Sainte Famille. L'enfant Jésus écrasant le serpent.*

Assise, à gauche, en avant de saint Joseph, et accoudée sur les restes d'un soubassement décoré d'un bas-relief, la sainte Vierge, tournée à droite, tient l'enfant Jésus debout devant elle, lequel pose le pied sur la tête d'un serpent monstrueux et porte la main à une croix colossale qui écrase le reptile. Deux anges, à droite, sur un tronc d'arbre renversé, élèvent cette croix, qu'un groupe de cinq autres anges fixe à son sommet, à l'aide d'une guirlande de fleurs, contre l'un des arbres qui ornent la composition.

Sur la terrasse, à gauche : *L. De La Hyre in et sculp* 1639.

Largeur : 15 po. 1 l. Hauteur : 11 po., y compris 3 l. de marge.

On connaît deux états de cette planche :

I. C'est celui décrit.

II. Avec l'adresse de *Guerineau* sur la terrasse et avec la dédicace qu'il fit de cette pièce à **M.** *de Balesdens,* et, par conséquent, avec l'écusson d'armes qui se voit, en cet état, au bas de la gauche.

5. *La Vierge et l'enfant Jésus servis par des anges.*

Pendant du morceau précédent. Assise, à droite, sur une pierre carrée, débris d'un riche monument qui fut là, et dont de beaux restes se voient encore debout, en avant d'un escarpement qu'ornent des arbres, la sainte Vierge, tournée à gauche, tient l'enfant Jésus debout sur elle, et accepte, comme lui, des fruits qu'un groupe d'anges, placé devant eux, au milieu de l'estampe, leur présente. Saint Joseph est debout, au fond, en avant d'une colonne. Deux autres groupes d'anges sont occupés, à gauche, sur le premier plan, à vider une grande corbeille remplie de fruits, et, dans le fond, à tendre des guirlandes de fleurs.

Sur la terrasse, au bas de la droite : *L. De La Hyre in , et sculp, Cum, pri Regis* 1640.

Dans la marge, à gauche, la même inscription répétée ; et, à droite : *F. LANGLOIS alias CIARTRES excudit Parisijs. Cum Priuil. Regis Christianis.*

Largeur : 14 po. 11 l. Hauteur : 11 po., y compris 3 l. de marge.

On connaît deux états de cette planche :
I. C'est celui décrit.
II. Avec l'adresse de *Mariette* substituée à celle de Langlois.

6. *La Sainte Famille à la palme.*

En avant d'une muraille, débris d'un monument antique, qui s'étend de la droite jusqu'à deux tiers du fond, la sainte Vierge soutient l'enfant Jésus assis devant elle sur une longue pierre, autre débris, lequel tire à lui la palme que saint Joseph, placé derrière la mère du Sauveur, lui a présentée.

Sur le champ de la pierre, à droite : *L. De La Hyre in. et scp. Cum pr Regis* 1639.

Dans la marge, en deux lignes, la sentence du huitième proverbe : *Delectabar... filij hominum,* et, en une troisième ligne : *à Paris, de l'Imprimerie d'Herman Weyen, rue Saint-Jacques, à l'enseigne S! Benoist.*

Hauteur : 10 po. 9 l., y compris 1 po. 6 l. de marge. Largeur : 6 po. 10 l.

On connaît deux états de cette planche :
I. Avant la lettre sur la pierre et dans la marge.
II. C'est celui décrit.

7. *La Vierge au coussin.*

Reproduction, par l'artiste, du tableau par lui peint, et qui se voit au Musée royal sous le n° 80.

Cette pièce, d'une pointe grignotée, avec des travaux au pointillé extrêmement légers, représente, en avant d'un mur lézardé, débris d'un monument antique, la Vierge se penchant, avec amour, sur l'enfant Jésus qui lui sourit, posé qu'il est, sur un riche coussin placé sur une grande pierre occupant le devant de la composition.

A gauche, sur la pierre, en caractères très déliés : *L. De La Hyre in et sculp. Cum pr. Regis ;* et, dans la marge, le texte du premier cantique : ECCE... DECORVS, le nom du peintre répété et l'adresse de Weyen.

Hauteur : 9 po. 5 l., non compris la marge de 13 l. Largeur : 7 po. 6 l.

8. *La Vierge aux anges.*

Au pied du soubassement d'un monument en

ruine, étant à droite, la Vierge assise tient, sur ses genoux, son divin fils. Tous deux semblent sourire à l'apparition d'une gloire d'anges descendant de la gauche, et apportant le signe de la rédemption à l'enfant Jésus qui tend les bras pour le recevoir.

Sur la terrasse, à gauche : *L. De La Hyre in. et sculp.* 1639. *cum Priuilegio Regis ;* et, dans la marge, un verset du psaume 39 : **IN CAPITE.... CORDIS MEI,** suivi d'une dédicace par Weyen à M. de Lumague, dont les armes sont gravées au milieu de cette marge.

Hauteur : 10 po. 9 l., y compris la marge qui porte 13 l. Largeur : 8 po. 1 l.

On connaît trois états de cette planche :

I. Avant la lettre dans la marge et avant ces mots : *cum Priuilegio Regis* après le nom du maître.

II. C'est celui décrit.

III. Le nom de Weyen, qui se voyait dans le bas de la marge, à droite, a été effacé.

9. *La Vierge, l'Enfant Jésus et le petit saint Jean.*

En avant d'un monticule orné de gros arbres, qui se voit à gauche, la Vierge, assise sur une grande pierre, la tête posée sur ses deux mains jointes, semble sommeiller, tandis que le petit saint Jean, prosterné au milieu de l'estampe, baise le pied droit du Sauveur qui est debout, à droite. Dans le fond, de ce côté, une colline boisée d'où saint Joseph ramène l'âne qu'il tient par le licou.

Sur la terrasse, au bas de la gauche : *L. De La Hyre in. et. sculp.* 1640. *Cum.*

Et dans la marge : *Non sum dignus procubens soluere corrigiam calceamentorum eius. Mar.* 1. *Herman Weyen excud. Cum Priuilegio Regis.*

Largeur : 10 po. Hauteur : 6 po. 6 l., y compris la marge de 4 lignes.

10. *Le Christ en croix.*

La croix où notre Seigneur est attaché se voit en face, au milieu de l'estampe. Deux saintes femmes sont assises au pied, en proie à la plus vive douleur. Le disciple bien aimé, saint Jean, est debout derrière l'instrument du supplice, les mains jointes et les yeux levés au ciel.

Sur la terrasse, au bas de la gauche : *L. De La Hyre in. et sculp.* 1639; et, dans la marge, huit vers français en deux colonnes, commençant par : *Homme, qui vois ici celui dont la puissance,* suivis de la dédicace de cette pièce, par *Guerigniau* (1) à M. de Lumague.

Hauteur : 15 po. 9 l., non compris la marge de 2 po. Largeur : 12 po.

11. *Le Christ descendu de la croix.*

L'arbre de la croix, contre lequel la Vierge est adossée, se voit à gauche. Le Rédempteur est au bas

---

(1) Cet éditeur est nommé *Guerineau* dans le deuxième état du n° 4; ici *Guerigniau*, et, dans le n° 27, *Gerineau.* Aujourd'hui on est plus correct.

de la droite, sur son séant, que soutient une partie
de rocher. Dans le fond, de ce côté, sont deux croix
debout.

Sur la terrasse, à gauche : *L. De La Hyre, Jn,
et, scul, Cum, pr, Regis.*

Hauteur : 10 p. 10 l. Largeur : 7 po. 10 l.

12. *Le Corps dans le sépulcre.*

Pièce dans laquelle, comme dans la suivante, les
travaux ordinaires à notre artiste sont accompagnés
d'un pointillé dans le goût de Morin. Elle représente
le corps du Sauveur placé verticalement sur une
pierre, à l'entrée du sépulcre. Deux anges sont à
côté, et l'un d'eux soulève le bras gauche du Christ
sur un pan du linceul. Les clous et la couronne d'é-
pines sont à droite, où l'on voit le Calvaire en perspective.

Sur la terrasse, à gauche : *L. De La Hyre, in.
et sculp. cum. Cum. pr. Regis* 1648; et, dans la
marge : **ANGELI PACIS AMARÉ FLEBVNT.** *Isa,
chap,* 33.

Largeur : 9 po. 9 l. Hauteur : 6 po. 3 l., y compris 4 l.
de marge.

13. *La Vierge de douleurs.*

Pendant de la pièce qui précède. Assise dans le
sépulcre, au milieu de l'estampe, la Vierge, abîmée
de douleur, est soutenue par un ange debout derrière elle, tandis qu'un autre, debout, à gauche,
à l'entrée du souterrain, lui présente le suaire.

Sur la terrasse, à gauche : *L. De La Hyre. in.*

et sculp. Cum pr. Regis 1648; et, dans la marge :
POSVIT ME DESOLATAM, *Lam, ier, c, j^{er}*.

Largeur : 9 po. 6 l. Hauteur : 6 po. 4 l., y compris 5 l.
de marge.

14. *Saint Pierre.*

L'apôtre est vu de trois quarts, tourné à droite,
d'où vient le jour, accoudé sur un appui et tenant
deux clefs qu'il regarde. Cette pièce et la suivante
sont dans le goût de Livens.

Dans la marge, au milieu : S. PETRVS, à gauche :
L. de la Hyre in. et fec. et, à droite : *Herman
Weyen excud. Cum P. Regis.*

Hauteur : 4 po. 4 l., y compris 6 l. de marge. Largeur : 3 po.
2 l.

15. *Saint Paul.*

Pendant du morceau précédent. Saint Paul, vu
de trois quarts, tourné à gauche d'où vient la lumière, lit dans un gros livre placé sur une table qui
est devant lui. On aperçoit la garde de son épée
dont le pommeau touche à la droite.

Dans la marge, au milieu : S. PAVLVS, et, à
gauche et à droite, se lisent les mêmes inscriptions
qu'au morceau qui précéde.

Même dimension.

16. *La Conversion de saint Paul.*

Reproduction, par l'artiste, du tableau par lui
peint, en 1637, pour l'église de Notre-Dame de
Paris.

L'apôtre est tombé de cheval sur le côté, dans le

coin bas de la droite, une jambe sous les pieds de devant de l'animal abattu, et l'autre, élevée au dessus du corps du cheval, est prise dans l'étrier hors montoir. Des soldats accourent au secours de leur chef. Cette scène se passe en avant d'un groupe de gros arbres existant à droite, dont on n'aperçoit que les troncs et quelques branches. Le Christ apparaît dans une gloire d'anges, au haut de la gauche, et semble adresser ces paroles à l'apôtre : *Saule, Saule! quid me persequeris?*

Au bas de la gauche, sur la terrasse : *L. De La Hyre in et sculp. Cum. p. Regis,* et dans la marge : *à Paris chez Herman Weyen, rue St Jacques, à l'enseigne St Benoist.*

Hauteur : 15 po. 1 l., y compris 3 l. de marge. Largeur : 10 po. 10 l.

On connaît trois états de cette planche :
I. Avant l'adresse de Weyen.
II. Avec cette adresse; c'est celui décrit.
III. Cette adresse effacée, et le trait carré renforcé.

SUJETS PROFANES.

17 A 20. BACCHANALES D'ENFANS.

Suite de 4 pièces non numérotées.

La seconde (n° 18), sans marque. Les autres marquées ainsi, sur les terrasses : *L. De La Hyre In. et. scul. Cum pr. Regis.*

Largeur : 3 po. 8 l. à 4 po. 3 l. Hauteur : 2 po. 6 l. à 3 po. 2 l.

17. *L'Amour.*

(1) Il est assis, à gauche, sur un banc de gazon, à l'entrée d'un bois, regardant un portrait qu'il tient d'une main et saisissant de l'autre son arc qui est derrière lui.

18. *Le Satyre et les deux Enfans.*

(2) Jeune satyre, la tête ornée de pampres, vu par le dos, accroupi, à gauche, tenant à la main une coupe, qu'un enfant, debout devant lui, remplit. Un autre enfant, le dos tourné, dort couché, au bas de la droite, à l'entrée d'un bois.

On connaît deux états de cette planche :
I. Avant l'adresse d'*Anthéaume*.
II. Avec cette adresse dans la marge.

19. *Les Trois Enfans.*

(3) La scène se passe à l'entrée d'un bois où se voient deux des enfans qui se parlent, appuyés sur un tonneau, tandis que l'autre sommeille dans le fond de la droite.

20. *Les Quatre Enfans.*

(4) Autre Bacchanale d'enfans à l'entrée d'un bois. Deux sont assis au milieu, un troisième est penché sur un tonneau, à droite, et le quatrième est couché à plat ventre, dans le fond de la gauche.

21. *Narcisse.*

A l'entrée d'un bois, Narcisse, chaussé du cothurne, ayant une pique à la main, et son chien couché à ses pieds, à gauche, est assis, la tête penchée, à droite, au bord d'une fontaine dans laquelle il se mire.

Sur l'eau, près du trait carré : *L. De La Hyre Jn. et. scul. Cum p. Regis.*

Largeur : 4 po. 2 l. Hauteur : 2 po. 8 l.

22. *Diane.*

Pendant du morceau précédent. Dans celui-ci, Diane est mollement et voluptueusement étendue en travers de la planche, à l'ombre des arbres d'une forêt. Un chien est à ses pieds. Son carquois est au bas de la droite, près de l'oreiller sur lequel repose la déesse.

Même inscription qu'à la pièce précédente.

Même dimension.

23. *Apollon et Coronis.*

La mère d'Esculape est couchée et sommeille à l'entrée d'une forêt, à droite, tandis qu'Apollon, assis au dessus d'elle, paraît écouter le corbeau délateur qui vole à gauche.

Sur l'écorce d'un hêtre, au haut de la droite, en lettres retournées : *L. De La Hyre.;* et, sur la terrasse, au bas de la gauche : *L. De La Hyre, Jn, et, scul, Cum pr Regis.*

Largeur : 8 po. 9 l. Hauteur : 6 po.

On connaît deux états de cette planche :
I. Avant l'adresse de *De Poilly.*
II. Avec cette adresse.

24. *Apollon et Clytie.*

Clytie, le sein percé d'une flèche, est étendue morte, au milieu du bas, à l'entrée d'une forêt étant à droite. Accouru du fond de la gauche, Apollon s'empresse à la relever pour la métamorphoser.

Sur la terrasse, à gauche : *L. De La Hyre Jn et scul. Cum pr. Regis.*

Largeur : 8 po. 10 l. Hauteur : 6 po.

On connaît deux états de cette planche :
I. Avant l'adresse de *De Poilly*.
II. Avec cette adresse.

25. *Vénus et Adonis.*

Ils sont assis, à gauche, à l'ombre d'un chêne. Vénus a les deux bras jetés voluptueusement autour du cou d'Adonis, qui, de la main, presse amoureusement la taille de la déesse. L'amour est aux aguets derrière le chêne, et regarde les deux amans.

Au bas de la gauche : *L. De La Hyre, Jn. et. scul. Cum. pr. Regis.*

Largeur : 9 po. 1 l. Hauteur : 6 po. 6 l.

On connaît deux états de cette planche.
I. Avant l'adresse de *De Poilly*.
II. Avec cette adresse.

26. *Le Supplice de Marsyas.*

Attaché à un chêne, à l'entrée d'une forêt qui se voit à gauche, le satyre Marsyas est écorché vif par Apollon qui est à droite.

Sur la terrasse, au bas de la gauche : *L. De La Hyre Jn et. scul. Cum pr. Regis.*

Largeur : 8 po. 11 l. Hauteur : 6 po 1 l.

On connaît deux états de cette planche :
I. Avant l'adresse de *De Poilly.*
II. Avec cette adresse.

27. *La Charité romaine.*

Cimon et Péro sont vus à mi-corps : la fille regarde à droite, où se voient les barreaux de la prison et prend la précaution de cacher, d'un pan de sa robe, l'action du père qui se nourrit de son lait.

Dans la marge : *Hinc pater... quem nequeo. L. De La Hyre Jnu. fecit. Gerineau excu. Auec Priuilegie.*

Hauteur : 9 po. 4 l., y compris 7 l. de marge. Largeur : 6 po. 8 l.

PAYSAGES (1).

28. *La Rivière dans le bois.*

L'objet principal de ce morceau est une rivière. Elle paraît venir du milieu, dans son plus grand

---

(1) Le paysage est ici le sujet principal de l'estampe, tandis que, dans la plupart des autres compositions de De La Hyre, il n'est qu'accessoire. La manière du maître, dans ses gravures, comparée à celle de ses tableaux du Musée royal, catalogués comme *siens*, fait aisément reconnaître que le tableau ovale en largeur, désigné dans la Notice sous le n° 193, est de notre artiste, et non de Patel, qui, d'ailleurs, ne posséda jamais à ce degré la science de la perspective ; les quatre Saisons de ce dernier maître, nouvellement exposées, viendraient, s'il en était besoin, corroborer notre opinion.

lointain, et s'étend sur presque tout le devant de l'estampe. Ses deux rives sont boisées.

Sur l'eau, à gauche : *L. De La Hyre. Jn. et fecit Cum p. Regis.*

Largeur : 4 p. 4 l. H. 2 po. 10 l.

29 A 34. SUITE DE **6** PIÈCES NON NUMÉROTÉES.

Largeur : 4 po. 9 l. à 5 po. 10 l. Hauteur : 3 po. 7 l. à 4 p. 1 l.

On connaît deux états de ces planches :
I. Avec ces mots dans le milieu de la marge : *Herman Weyen excud auec Priuilege du Roi.*
II. Cette adresse effacée.

29. *L'Étang.*

(1) Du sein d'un étang, dont les eaux baignent tout le devant de cette estampe, et qui, à partir de la gauche, paraît s'étendre circulairement jusqu'au delà de la droite, s'élève un piédestal surmonté d'une figure couchée tenant le champignon d'un jet d'eau qui fonctionne. A la droite, des roseaux, puis des arbres qui ombragent cette partie. A gauche, sur le premier plan, des plantes aquatiques et les tiges élevées d'une rose trémière.

Sur le renfoncement du piédestal : *L. De La Hyre in et scul. Cum pr. Regis* 1640.

30. *L'Arbre mort.*

(2) Une eau extrêmement limpide baigne tout le devant de cette estampe. Au delà, vers la gauche, un arbre mort s'élève jusqu'au bord supérieur de

la composition, et, à partir de la droite jusqu'aux deux tiers du fond, des rochers dépouillés environnés d'arbres.

Sur les eaux, au bas de la droite, les initiales du maître rapportées n° 22.

31. *L'Homme vu par le dos.*

(3) A la gauche de ce morceau, un homme, espèce de pâtre, vu par le dos, est debout, nu-tête, armé d'une longue perche, appuyé contre la souche d'un arbre mort au bord d'une large rivière venant du fond, et allant se perdre à droite. Au delà de la rivière, de ce dernier côté, un bois sur la lisière duquel, au bord de l'eau, se promènent deux personnes.

Au bas de la gauche, sur la terrasse : *L. De La Hyre in et sculp. Cum pr. Regis* 1640.

32. *Le Bouquet d'arbres.*

(4) Sur le premier plan, à gauche, un bouquet d'arbres cru sur des rochers; à droite, les restes debout d'un arbre rompu. Dans le fond, de ce même côté, haute montagne ornée çà et là de verdure, s'abaissant par de savantes et agréables ondulations, dans le plus grand lointain de la gauche d'où paraît venir une rivière qui baigne le second plan de cette agréable composition.

Sur la terrasse, au coin de la gauche, les initiales du maître rapportées n° 23.

33. *Les Rochers couverts.*

(5) Le côté gauche de ce morceau offre une masse de rochers ornée d'arbres et de buissons, qui s'étend jusqu'au milieu de l'estampe; à droite, vaste pays boisé, borné, à l'horizon, par de hautes montagnes en avant duquel, sur le premier plan, paraît une onde pure baignant tout le devant du sujet, et dans laquelle le paysage se réfléchit.

Sur l'eau, à gauche : *L. De La H Hyre in et scul Cum pr Regis* 1640.

34. *Le Sarcophage.*

(6) Sur un tertre, à gauche, s'élève un sarcophage décoré d'un bas-relief, qu'entourent et couvrent en partie de leur ombrage des arbres de plusieurs espèces. Dans le fond, à droite, colline boisée aboutissant par une pente douce au bord d'une rivière dont les eaux se voient, de ce côté, sur le second plan.

Sur la terrasse, au bas de la droite, les initiales du maître rapportées n° 24.

35. *La Défaite des Anglais dans l'île de Ré.*

Le premier plan offre le territoire de l'île de Ré parcouru par des troupes venant de la droite, et se rendant, à gauche, vers la ferme de la Davière. Le bourg de Loye se voit au haut de la droite. Un ange, au ciel, à gauche, sonne la victoire et supporte la bannière de France et de Navarre que trois génies ailés tirent dans le fond. Au bas, au centre de la marge dont les deux côtés contiennent les légendes de cette pièce, sont les armes de Gaston de France à qui elle fut dédiée.

A gauche du cartouche des armes : *L. De La Hyre Jn et fec.*; et, à droite : *auec priuilege du Roy.*

Et, dans la marge du haut, est écrit : *Défaicte des Anglois en l'Jsle de Ré par l'armée françoise le 8 novembre* 1627.

Largeur : 19 po. 2 l. Hauteur : 13 po. 2 l., non compris 3 l. de marge en haut et 18 l. de marge en bas.

TABLE

DES ESTAMPES GRAVÉES PAR DE LA HYRE.

———

CHARLES ERRARD.

BIBLIOTHÈQUE IMPÉRIALE

Ce fut au zèle persévérant de cet artiste qu'on dut, en grande partie, l'établissement de l'Académie royale de peinture et sculpture de Paris; établissement qui mit enfin une ligne de séparation entre les artistes proprement dits et les simples artisans avec lesquels, jusqu'alors, ils avaient été confondus. Errard en fut le premier directeur; mais ses talens, comme administrateur, ne tardèrent pas à le faire pourvoir de la place de directeur de l'école de Rome, qu'il occupa le premier, et qu'il remplit jusqu'à sa mort, arrivée, en cette ville, le 25 mai 1689.

Il naquit vers 1606 à Nantes, département de la Loire-Inférieure, et fut peintre d'histoire et architecte. Comme peintre, il fut auteur, entre autres travaux publics, du plafond de la salle des Gardes du château de Fontainebleau : Le Poussin faisait peu de cas de son talent. Comme architecte, nous lui devons le dôme de l'Assomption de Paris, monument qui fit dire de lui par ses contemporains, qui s'entendaient aussi en calembourgs, qu'il avait fait *Sodome.*

Une seule estampe est sortie de sa pointe, c'est le portrait que nous allons décrire, dont les chairs sont traitées au pointillé. La pointe sèche et le burin ont raccordé et fortifié les travaux primitifs.

Portrait de Jérôme Bachot.

Il est vu presque de face, à mi-corps, au milieu de l'estampe, éclairé à gauche et tourné à droite, la tête nue, portant moustache, et le menton orné de la royale ; une riche bandoulière passe sur sa soubre-veste aux manches déchiquetées ; son collet, rabattu, est enrichi de dentelle.

Dans la marge, on lit : HIEROSME BACHOT PARISIEN INGENIEVR ET GEOGRAPHE *or-dinaire du Roy. Architecte des Réparations, et Fortiffications, des Villes et Plasses fortes de Bretaigne. Et Commissaire de L'Artillerie. Aagé de Quarante trois ans. En Mil six Cens trente et Un. C Errard fecit.*

Hauteur : 5 po. 7 l., y compris 9 l. de marge. Largeur : 4 po. 4 l.

NICOLAS ET PIERRE MIGNARD.

Ces artistes, qui étaient frères et fils d'un gentil-homme, naquirent à Troyes, département de l'Aube, le premier, vers 1608 et le dernier en 1610.

Nicolas fut connu, dans les arts, sous le nom de Mignard d'Avignon, parce qu'il prit femme en cette ville, et qu'il y demeura long-temps.

Quant à Pierre, il fut connu sous le nom de Mignard le Romain, à cause du séjour qu'il fit à Rome pendant plus de vingt ans.

Tous deux, après les premiers élémens de la peinture, qu'ils puisèrent, l'un à Troyes, l'autre à Bourges, furent étudier à Fontainebleau et les antiques et les peintures du Primatice, de Rosso, de Nicolo del Abbate et de Freminet, après quoi Pierre fréquenta l'école de Vouet, mais ils ne tardèrent pas à visiter l'Italie et se fixèrent à Rome. Là, l'aîné étudia d'après l'Albane et Annibal Carrache ; et, le jeune, suivant en cela les conseils du Poussin, dont il resta toujours l'ami, se pénétra du grand goût de dessin de Raphaël, de Michel-Ange Buonarotti et des Carraches.

Ils brillèrent l'un et l'autre dans l'histoire et le portrait, et Pierre avec un tel éclat, qu'il finit par supplanter le célèbre Le Brun qui en mourut de chagrin.

Nous devons à Nicolas neuf estampes qu'il grava comme il peignait, c'est à dire de la main gauche; c'est quatre de plus que ne lui en attribue d'Argenville; et à la pointe du jeune une seule pièce.

Les deux frères moururent à Paris, l'aîné en 1668, et le jeune en 1695.

OEUVRE

DE

NICOLAS MIGNARD.

1. *Loth et ses filles.*

Les trois personnages sont groupés au milieu
de la composition, à l'entrée d'un bois qui se voit
à droite. Le vieillard vide sa coupe, en forme de
verre, qu'une de ses filles lui aide à porter à ses lèvres, tandis que l'autre le soutient de la main droite,
en même temps que, de la gauche, elle prend une
aiguière posée sur une pierre carrée. Dans le lointain,
à gauche, on aperçoit la femme de Loth transformée
et Sodome en flammes.

Dans la marge, à droite : *N. Mignard Pinx. et
Sulp.*, au milieu : *L'Inceste de Lot,* et, au dessous,
une inscription en trois lignes commençant par : *Les
filles de Lot croyant* et finissant par : *Ennemi de
celui de Dieu.*

Largeur : 11 po. 6 l. Hauteur : 10 po. 7 l., y compris 1 po.
2 l. de marge.

2 A 9. — 8 PIÈCES D'APRÈS ANNIBAL CARRACHE.

2. *L'enlèvement de Ganymède.*
(D'après un tableau de la Galerie Farnèse.)

(1) Jupiter, transformé en aigle, est à gauche,
enlevant, dans les airs, Ganymède dont la tête, vue
de profil, est à droite ; il regarde le dieu.

BIBLIOTHÈQUE ROYALE

Dans la marge, à gauche : *Anib Carracius inu. pinxit Romæ N Mignard sculpsit,* et, à droite, l'adresse de François Langlois dit Chartres , ainsi exprimée : *F. L. D. Ciartres excud. Cum Priuil. Regis Christianissimi.*

Largeur : 7 po. 4 l. Hauteur : 5 po. 4 l., y compris la marge du bas qui porte 2 l.

On connaît deux états de cette planche :
I. C'est celui décrit.
II. Avec le nom de *Mariette* substitué à celui de Langlois.

5 A 8. — 6 PIÈCES D'APRÈS LES PEINTURES DU CABINET
FARNÈSE.

5. *Hercule entre le vice et la vertu.*

(2) « Hercule , étant devenu grand , sortit, dit
» Xénophon, en un lieu à l'écart pour penser à
» quel genre de vie il s'adonnerait : alors lui appa-
» rurent deux femmes de grande stature, dont l'une
» fort belle, qui était la vertu, avait un visage ma-
» jestueux et plein de dignité ; la pudeur dans les
» yeux, la modestie dans tous les gestes et la robe
» blanche. L'autre, qu'on appelle la mollesse ou la
» volupté , était dans un grand embonpoint et d'une
» couleur plus relevée ; ses regards libres et ses ha-
» bits magnifiques la faisaient connaître pour ce
» qu'elle était. Chacune des deux tâcha de le gagner
» par ses promesses ; il se détermina enfin à suivre
» le parti de la vertu qui se prend ici pour la va-
» leur. »
Tel est le sujet de cette estampe dans laquelle

Hercule occupe le milieu de la composition, assis sur un roc en avant d'un palmier, et s'appuyant sur sa massue ; la vertu est à sa droite et le vice ou la volupté du côté opposé. Le peintre, dans la figure du demi-dieu, paraît avoir eu en vue la restauration du fameux *Torse*.

Dans la marge, savoir, au milieu, huit vers en deux colonnes : *Anxia in ambiguo.... rependit iter*, suivis d'une dédicace au *P. Saliano ;* à gauche, dans un encadrement : *Hannibal Carratius.... an D. MDCVIII*, et, à droite, dans un autre : *Nicolas Mignard....* an. D. MDCXXXVII.

Largeur : 12 po. 5 l. Hauteur : 11 po., y compris 1 po. 8 l. de marge.

On connaît trois états de cette planche :
I. Avec l'adresse de *François Langlois*.
II. Avec celle de *P. Mariette* substituée à la première.
III. Cette dernière adresse est effacée.

4. *Hercule se reposant de ses travaux.*

(3) Le demi-dieu est assis, à gauche, sur un tertre, à l'ombre des arbres qui ornent cette partie de la composition, la tête posée sur le revers de la main droite, et s'appuyant, de l'autre, sur son glaive nu. Autour de lui, se voient sa massue, son arc, son carquois, ses flèches, la peau du lion de Némée, la biche aux pieds d'airain et les pommes d'or du jardin des Hespérides. A droite, est le Sphinx de Thèbes, Cerbère et la hure du sanglier d'Ery-manthe. Pièce de forme octogone en travers.

Dans les angles du bas, à gauche : *Annib. car-*

ratius inuentor, et, à droite : *N. Mignard sculp.*

Et dans la marge : *Victor ab hoste redux...
aptior esse nouis* en quatre vers, en deux colonnes.
En avant de la première colonne, à gauche, l'a-
dresse de *François Langlois*, et, ensuite de la
deuxième, à droite, l'expression du privilége.

Largeur : 9 po. 4 l. Hauteur : 7 po. 4 l., y compris 5 l. de
marge.

On connaît trois états de cette planche semblables à ceux
du n° 3.

5. *Ulysse chez Circé.*

(4) Dans l'intérieur d'une galerie d'architecture
dorique, la magicienne, assise sur une riche estrade
qui se voit à droite, tient, d'une main, sa baguette
et offre, de l'autre, une coupe à Ulysse, debout devant elle, au milieu de la composition. Mercure est
derrière le fils de Laërte et pose dans la coupe l'herbe
moly qui dénature le breuvage. L'un des compa-
gnons d'Ulysse se voit couché et métamorphosé au
bas de la gauche. Pièce hémisphérique dont l'axe
est en bas.

Dans la marge : *Saga potens circe... cultori virtu
officiosa suo* en huit vers en deux colonnes. Au
devant de la première colonne, à gauche, dans un
encadrement : *Hannibal Carratius... in ædibus
Farnesianis* 1607., et, au delà de la seconde, à
droite, dans un autre encadrement : *Nicolaus Mignard... Auenione* 1637.

Largeur : 16 po. 7 l. Hauteur : 9 po. 8 l., y compris 14 l. de
marge.

On connaît trois états de cette planche semblables à ceux du n° 3.

6. *Ulysse bravant le chant des Syrènes.*

(5) Le fils de Laërte, les pieds et les bras liés au mât d'un vaisseau venu de la gauche, et que les rameurs dirigent à droite, brave, par les conseils de Minerve qui se voit derrière lui, les syrènes qui, sous la forme de harpies, sont debout sur une rive escarpée, vers le milieu du fond de la composition. Pièce de la même forme que la précédente.

Dans la marge : *Solve ratem fatale.... vincitur arte sonus,* en huit vers placés comme dans la pièce qui précède, et, comme dans celle-là, les noms de *Carrache* et de *Mignard.*

Même dimension.

On connaît trois états de cette planche semblables à ceux du n° 3.

7. *Persée tranchant la tête de Méduse.*

(6) Le fils de Jupiter et de Danaé se voit au milieu de l'estampe, ayant près de lui Minerve et Mercure, et tenant, d'une main, Méduse par les cheveux, dont, de l'autre, il va trancher la tête. Euryale et Sthéno, sœurs de Méduse, sont couchées et sommeillent non loin de celle-ci. Pièce de la même forme que la précédente.

Dans la marge : *Vindice Gorgoneum Perseus.... assimilare, nefas,* en huit vers placés comme dans le n° 5, et, comme dans cette pièce, les noms de *Carrache* et de *Mignard*.

Même dimension.

On connaît trois états de cette planche semblables à ceux du n° 3.

8. *Anfinomus et Anapias.*

(7) On voit ces deux frères, modèles de la piété filiale, l'un sur le premier plan, au milieu de l'estampe, l'autre, à gauche, se sauvant de l'embrasement de Catane, emportant, sur leurs épaules, les auteurs de leurs jours que le grand âge rendait inhabiles à la fuite. La ville est en flammes, dans le fond de la gauche, et l'Etna est en éruption à la droite. En avant de ce mont, sur le second plan, un cyclope, couché à terre, garde son troupeau. Pièce de la même forme que le n° 5.

Dans le milieu de la marge: une dédicace à M. *de Fortia*; à gauche, dans un encadrement, le nom d'Annibal *Carrache*; à droite, dans un autre, celui de *Mignard*.

Même dimension.

On connaît trois états de cette planche semblables à ceux du n° 3.

9. *Le Triomphe de Bacchus.*

(D'après un Tableau de la Galerie Farnèse.)

(8) Il est sur un char traîné par deux panthères, venant de la droite et se dirigeant à gauche, où se voit Silène qui ouvre la marche. Des génies ailés voltigent dans les airs.

Sur la terrasse, à gauche : *A. Carr. in.*, à droite : *Mignard scu.*, et, plus bas : *Le Blond Auec priuil.*

Largeur : 20 po. 7 l. Hauteur : 10 po. 10 l.

On connaît deux états de cette planche :
I. C'est celui décrit.
II. Le nom de Le Blond est remplacé par celui de *Drevet*.

TABLE

DES ESTAMPES GRAVÉES PAR NICOLAS MIGNARD.

———

<table>
<tr><td colspan="2">Numéros
de l'œuvre.</td></tr>
<tr><td>8</td><td>Anfinomus et Anapias.</td></tr>
<tr><td>9</td><td>Bacchus (le triomphe de).</td></tr>
<tr><td>2</td><td>Ganymède (l'enlèvement de).</td></tr>
<tr><td>3</td><td>Hercule entre le vice et la vertu.</td></tr>
<tr><td>4</td><td>Hercule se reposant de ses travaux.</td></tr>
<tr><td>1</td><td>Loth et ses filles.</td></tr>
<tr><td>7</td><td>Persée tranchant la tête de Méduse.</td></tr>
<tr><td>6</td><td>Ulysse bravant le chant des Syrènes.</td></tr>
<tr><td>5</td><td>Ulysse chez Circé.</td></tr>
</table>

OEUVRE

DE

PIERRE MIGNARD.

Sainte Scholastique.

Elle est agenouillée, à gauche, au pied d'un autel, placé à droite, les mains élevées vers la Vierge tenant dans ses bras son divin fils, qui lui apparaît de ce dernier côté dans une gloire d'anges et de chérubins descendue du ciel et qui remplit presque tôute la composition. La crosse de la sainte et son livre ouvert se voient sur la marche de l'autel. Pièce dont le haut est cintré irrégulièrement.

Dans la marge, on lit, au milieu : *Ill͡i D͞no Petro Ioanni Atxer...etc ;* à droite : *Petrus Mignart* (un *t* pour un *d*) *Inu et Fe*, et plus bas : *alla pace. Gio Giacomo Rossi Formi Roma*, et, à gauche : *Romæ. sup ꞊ permis ꞊* (1).

Hauteur : 14 po., y compris 7 l. de marge. Largeur : 8 po. 9 l.

---

(1) En 1700 et en 1718, cette pièce se vendait à Rome, au fonds de Domenico de Rossi, 10 baïoques, qui revenaient à 55 centimes, argent de France.

LOUIS DE BOULOGNE, LE PÈRE.

Louis De Boulogne (1), qui, parfois, s'est signé *Boullogne*, *De Boulongne* et, plus souvent, *De Boullongne*, naquit à Paris en 1609.

Félibien et d'Argenville s'accordent à dire qu'il fut peintre gracieux et qu'il jouit d'une célébrité méritée. Il mourut à Paris, professeur de l'Académie, au mois de juin 1674.

Cet artiste a gravé, à l'eau-forte, d'une pointe qui approche assez de celle de Scalberge, son contemporain, les trente-neuf pièces que nous allons décrire. C'est trente de plus que n'en posséda M. le comte Rigal, qui ne connut que le frontispice du livre de portraiture, comprenant à lui seul vingt-six morceaux, et qui ne put réunir deux de nos saintes familles ni nos n°s 9, 10 et 11.

Les n°s 1, 2, 3, 4 et 13 sont du meilleur temps du maître et confirment le sentiment des auteurs cités touchant le faire gracieux de De Boulogne. Ils sont traités d'une pointe libre, ferme et spirituelle qui décèle un artiste très exercé.

C'est à cause du mérite de ces pièces, sans doute,

---

(1) C'est ainsi que *Bon de Boulogne*, son fils aîné, a lui-même écrit son nom sur les estampes que nous devons à sa pointe.

que M. Bénard attribue les n°s 1, 4 et 13, les seules que possédât, parmi celles de notre catégorie, M. Paignon-Dijonval, à Louis De Boulogne, fils puîné du peintre, se fondant, probablement, sur sa célébrité qui fut supérieure à celle de son père ; mais, avec de l'attention et l'œuvre sous les yeux, on reconnaît aisément que l'artiste qui a produit les n°s 5, 6, 7, 8, 12 et de 14 à 39 a dû être l'auteur, à l'apogée de son talent, des cinq pièces en question ; car il y a moins loin du faire de ces trente et une pièces aux autres qu'il n'y a de celles-ci aux n°s 9, 10 et 11, simples essais du maître quand il était en Italie, âgé, alors, de vingt-six ou vingt-sept ans, et qu'il n'est venu à la pensée de personne de lui disputer.

M. Bénard n'a fait, d'ailleurs, aucune difficulté d'attribuer à De Boulogne le père notre n° 8. Basan, au contraire, l'avait donné au fils et lui avait même attribué notre n° 6, sans faire attention qu'il porte la date de 1649 et que Louis De Boulogne le fils ne vint au jour qu'en 1654.

MM. Huber et Rost donnent au père les n°s 7, 8 et 11 ; mais, sur la foi de Basan, sans doute, ils attribuent à Louis De Boulogne le fils notre n° 6 qui, d'après ce que nous venons de dire, ne peut appartenir qu'au père, et les n°s 3, 4, 5, 8, 9 et 13, qui, selon nous, doivent lui être restitués.

OEUVRE

DE

LOUIS DE BOULOGNE, LE PÈRE.

SAINTES FAMILLES.

1. *La Vierge au rideau.*

La sainte Vierge tient, sur son giron, l'enfant Jésus; elle est assise à gauche, tournée à droite, en avant d'un rideau qui décore le fond de la composition.

Dans la marge, à droite: *L de Boullongne inu. et fecit cum priuilegio R.*

Hauteur: 7 po. 3 l., y compris 7 l. de marge. Largeur: 5 po. 8 l.

2. *La Vierge au mur.*

Elle est assise, à droite, sur une pierre, en avant d'un mur qui occupe les trois quarts du fond, tenant, entre ses jambes, l'enfant Jésus qui prend la croix du petit saint Jean qui est debout derrière la Vierge, à côté de son agneau.

Sur la tranche de la pierre, au bas de la droite: *L de Boullongne in. et fe Cum priuilegio Regis.*

Largeur: 7 po. 3 l. Hauteur: 5 po. 8 l.

8

3. *La Vierge à la colonne.*

La Vierge, assise, à gauche, au pied du soubassement d'une colonne, tient, sur ses genoux, l'enfant Jésus qui reçoit l'agneau que le petit saint Jean, vu à mi-corps, au bas de la droite, accompagné de sainte Élisabeth, lui présente. Saint Joseph est debout derrière la Vierge.

Au bas du soubassement de la colonne : *L de Boullongne in pi.*

Largeur : 8 p. 9 l. Hauteur : 6 p. 3 l.

4. *La Vierge à l'oiseau.*

Elle est assise à droite, accoudée sur une pierre, vue de profil et regardant à gauche. Son divin fils, debout, entre ses jambes, tient, par un fil, un oiseau qui vole au haut de la gauche. Derrière la Vierge, se voit saint Joseph. Cette scène a lieu au bas d'une colline couronnée de trois arbres.

A droite, sur la pierre : *L. de Boullongne. in et. fecit.* , comme nous le rapportons nº 25.

Largeur : 8 p. 1 l. Hauteur : 6 p. 4 l.

AUTRES SUJETS PIEUX.

5. *Le Christ mort.*

Au pied de la montagne du Calvaire, qui se voit à droite, le Christ est étendu mort devant la Vierge. La Madeleine lui baise la main droite ; Joseph d'Arimathie est à ses pieds et s'occupe à l'ensevelir ; saint Jean est à droite les mains jointes, en proie à la plus vive douleur, et, au dessous de lui, se voient deux petits anges qui pleurent.

Sur la terrasse : *L. de Boullongne inuenit et fecit Cum priuilegio Regis.*

Et, dans la marge, l'inscription ci-après en trois colonnes de deux lignes chaque : *En effert natura Deum... quoque grata Deo.*

Hauteur : 11 po. 6 l., y compris 6 l. de marge. Largeur : 8 po. 7 l.

6. *Le Martyre de saint Pierre.*

Le saint est attaché à la croix que des bourreaux fixent en terre, la tête en bas, sur le premier plan de la droite. Des soldats romains se voient dans le fond, à gauche. Au haut de la droite, un ange apporte la palme du martyre.

Dans la marge, à gauche : *L. de Boullongne in e f.* 1649.

Hauteur : 11 po. 1 l., y compris 4 l. de marge. Largeur : 9 po.

7. *Le Miracle de saint Paul, à Éphèse.*

Cette pièce nous retrace le tableau que l'artiste avait peint en 1646 pour l'église de Notre-Dame de Paris. Le saint est debout, au milieu de l'estampe, tenant un livre sous le bras droit, et, de la main gauche élevée, il exorcise un possédé qui se voit enchaîné au fût d'une colonne, au bas de la gauche.

Sur la terrasse, au bas de la droite : *Boullongne f.* et, dans la marge, quatorze vers français en quatre colonnes, commençant par : *Autrefois le Démon animoit le courage* et finissant par : *Ce que ses saints discours dans les cœurs devoient faire*, suivis de la dédicace que l'artiste fit de ce morceau à M. Godeau, évêque de Grasse et de Vence.

Hauteur : 14 po. 6 l., y compris 10 l. de marge. Largeur : 11 po. 2 l.

8. *Le Martyre de saint Paul.*

Cette estampe retrace le tableau que le peintre avait fait, en 1657, pour la même église. L'action se passe hors des murs de Rome, dont une porte se voit dans le fond, ainsi que d'autres monumens. Le corps du saint décapité est tombé sur les marches d'une construction, au bas, vers la droite, où jaillissent trois sources. Sa tête, qui a roulé à gauche, est prise dévotement par une sainte femme agenouillée de ce côté. Le bourreau est debout au milieu de l'estampe, vu de face, essuyant son glaive, instrument du supplice. Beaucoup de spectateurs contemplent cette scène avec des sentimens divers savamment exprimés. La palme et la couronne destinées aux martyrs sont apportées par des anges qui se voient dans les airs.

Dans la marge, à gauche : *L. de Boullongne in et fecit Cum pr*

Hauteur : 14 po. 3 l., y compris 3 l. de marge. Largeur : 11 po.

9. *La Flagellation de saint André.*

(D'après Paul Véronèse.)

Au milieu d'un vestibule d'une riche architecture, le saint est couché, garrotté, sur une table, les yeux levés au ciel. Plusieurs bourreaux se disposaient à le frapper de leurs massues quand les pieds de la table ont manqué tous à la fois, ce qui paraît être le sujet de la délivrance du saint comme de l'étonnement des nombreux spectateurs qui animent cette composition.

Dans la marge, à gauche : *Paulle Veronaise Pain^{ct} a Venise*, et au milieu : *L. Boullongne sculp.*

Largeur : 12 po. 6 l. Hauteur : 6 po. 6 l., y compris 4 l. de marge.

On connaît deux états de cette planche :

I. L'encadrement du haut et de la gauche est formé d'une seule taille ; l'épaule de l'homme coiffé d'un turban, qui se voit en tête du saint, n'est point ombrée.

II. L'encadrement est couvert de travaux qui croisent les premiers ; l'épaule de l'homme est teintée de travaux secs et froids au burin.

———◦———

SUJETS DIVERS.

———

10. *Vénus et les Amours.*
(D'après le Titien.)

La déesse est assise, à droite, sous une espéce de tente, à l'entrée d'une vaste campagne. Elle vient de nouer un bandeau sur les yeux d'un amour debout devant elle, qui s'appuie sur ses genoux, et prête une oreille attentive à un autre amour qui, debout derrière sa mère et appuyé sur son épaule, semble la conseiller. Deux nymphes debout, à gauche, regardent la déesse et tiennent, l'une, le carquois, l'autre, l'arc du patient.

Dans la marge : *Titianus inventor. L. Bo. pa^ris fe Roma. super. per.* Nous rappelons le nom abrégé du maître, n° 25 *bis*.

Largeur : 9 po. 5 l. Hauteur : 7 po., y compris 5 l. de marge.

11. *L'Enlèvement d'Hélène.*

(D'après le Guide.)

Cette pièce retrace, d'une manière croquée, le fameux tableau de Guido Reni exposé au Musée royal sous le n° 1069, lequel offre le sujet de Pâris s'enfuyant à Troie avec la femme de Ménélas.

Dans la marge : *Guido Raine. in. Louis Boullogne paris Fe. Roma* 1637. *L. Boullogne super. per.*

Largeur : 10 po. 7 l. Hauteur : 10 p. 5 l., y compris 4 l. de marge.

On connaît deux états de cette planche :
I. C'est celui décrit.
II. Les trois premiers et les deux derniers mots de l'inscription restent seuls, les autres ayant été effacés. Entre eux, au milieu de la marge, on lit : *Jo. Jacomo de Rossi formis Romæ alla Pace.*

12. *Artémise.*

Assise à gauche, près du monument qu'elle avait fait élever à Mausole, Artémise, la tête penchée, paraît rendre le dernier soupir. Trois femmes éplorées se voient près d'elle à droite. Composition dans un rond entouré d'une bordure de laurier.

Dans l'angle bas de la gauche : *L. de Boullongne in et fe.*

Diamètre : 7 po. 9 l.

13. *La Charité romaine.*

Cette pièce est peut-être la représentation du tableau de l'artiste dont d'Argenville dit qu'il était très beau. La fille de Cimon est assise sur une pierre, à gauche, tournée à droite et regardant, avec des sentimens divers savamment exprimés, et son père, à qui elle offre le sein, et son jeune enfant, placé sur ses genoux, qui pleure et veut s'opposer au repas du vieillard.

Sur une pierre, au bas de la gauche : *L. de Boullongne fe.*

Hauteur : 8 po. 8 l. Largeur : 6 p. 9 l.

14 A 39. LIVRE DE PORTRAITURE, *composé de 26 pièces numérotées de 1 à 26, soit au haut, soit au milieu de la droite.*

Largeur : 6 po. 3 à 5 l. Hauteur : 4 po. 4 à 6 l.

I.

14. Frontispice. Un jeune homme, la tête couverte d'un bonnet garni de fourrure et enveloppé d'un manteau, est assis au milieu de l'estampe, vu de profil et tourné à gauche, tenant une tablette sur laquelle il dessine. Il est placé en avant d'un piédestal que surmonte une figure académique. Derrière lui, se voit un jeune enfant qui regarde ce qu'il fait. Composition dans un ovale en travers entouré d'une bordure de laurier et dont le faire est dans la maniére du nº 12.

Sur le dé du piédestal, on lit : LIVRE DE *Portraiture faict par L. de Boullongne.*

On connaît trois états de cette planche :

I. C'est celui décrit.

II. Avec l'année 1648 au dessous de l'inscription rapportée.

III. L'inscription effacée, et sa place teintée par des traits horizontaux. Les quatre angles, blancs dans les deux premiers états, sont, dans celui-ci, remplis chacun par un mascaron ; le nº 1 est d'ailleurs effacé.

2.

15. Dessin de deux ovales, d'un nez de profil, d'une bouche de face, d'une tête de profil, de quatre bustes, de hachures et de cheveux.

3.

16. Six têtes au trait et un buste ombré.

4.

17. Des yeux au nombre de neuf, cinq sont ombrés, les autres au trait.

5.

18. Parties inférieures de la figure : nez, bouche et menton, au nombre de onze ; cinq, seulement, sont ombrés.

6.

19. Neuf oreilles ; trois seulement sont ombrées.

7.

20. Quatre avant-bras d'homme.

21. Deux jambes et un pied d'homme.

9.

22. Deux bras et un buste d'enfant.

10.

23. Cinq bustes de femme, dont trois ombrés.

11.

24. Un pied nu, une jambe chaussée du cothurne et une tête casquée.

12.

25. Tête, partie inférieure du corps, deux pieds et une main d'enfant.

13.

26. Deux têtes de la même femme, l'une au trait, l'autre ombrée.

14.

27. La partie antérieure du corps d'un enfant, ombré; le profil, au trait, d'un autre enfant; une jambe et un bras d'enfant.

15.

28. La partie antérieure du corps d'un homme, les mains jointes élevées; et un bras debout, la main ouverte.

16.

29. La partie antérieure du corps d'un enfant faisant des bulles de savon, et le buste d'un autre enfant; plus, trois têtes, au trait, d'autres enfans.

On connaît deux états de cette planche :
I. C'est celui décrit.
II. Avec la lettre B au bas de la gauche.

17.

30. La partie antérieure du corps d'une femme, les yeux levés au ciel, et deux bustes de femmes, au trait.

18.

31. Deux têtes de la même femme; l'une au trait, l'autre ombrée; plus, deux mains, l'une vue en dedans, ombrée; l'autre vue par le dos, au trait.

19.

32. Une tête de Madeleine ombrée et son trait; plus, deux mains, l'une prenant une draperie, l'autre tenant un poignard.

20.

33. Têtes ombrées d'une femme et d'un enfant, et pied, au trait, revêtu du cothurne.

21.

34. Une tête d'homme ombrée et son trait regardant à droite.

22.

35. Une tête d'homme, coiffée d'un turban, ombrée, et le trait d'une tête coiffée du bonnet hongrois.

23.

36. La partie antérieure d'un homme vu par le dos et deux pieds.

24.

37. Une tête barbue, ombrée, et deux autres têtes au trait, toutes regardent à gauche.

25.

38. Sept têtes d'animaux, dont trois seulement sont ombrées.

26.

39. Cinq têtes de cheval : trois sont ombrées, les autres au trait.

TABLE

DES ESTAMPES GRAVÉES PAR LOUIS DE BOULOGNE, LE PÈRE.

GASPARD DUGHET,

DIT GASPRE-POUSSIN.

Issu d'un père parisien, disciple et beau-frère de l'immortel Poussin, émule de Claude le Lorrain, voilà plus de titres qu'il n'en faut, ce nous semble, pour ranger Gaspard Dughet parmi les peintres de l'école française.

Il naquit à Rome en 1613 selon les uns, et, selon d'autres, en 1617; il y mourut en 1675.

Ses noms sont, en italien, *Gasparo Duche*, et c'est ainsi qu'ils se voient tracés sur les planches qu'il a gravées; mais, en France, nous le connaissons sous le nom de Gaspre-Poussin, en contractant le prénom Gaspard, élidant le nom Dughet et ajoutant le nom de son maître.

Nous avons, de ce célèbre peintre, huit pièces gravées d'une pointe spirituelle et savante, qui rappellent les esquisses du Poussin, à tel point que si cet illustre maître avait voulu employer ce mode de reproduire ses compositions, il n'aurait pas fait mieux.

M. Bartsch, dans le vingtième volume de son *Peintre-Graveur*, a donné, de ces estampes, la description ci-après, que nous lui empruntons en rectifiant ses remarques quand il nous a semblé nécessaire.

Le Cabinet des estampes de la Bibliothèque royale

possède une neuvième pièce attribuée à notre artiste par une inscription à la main, d'une écriture ancienne, que semblent fortifier les initiales G. D. en caractères cursifs, qui se voient dans le coin bas de la gauche; initiales que cite M. Brulliot sous le n° 963 de la seconde partie de son *Dictionnaire des monogrammes*, édition de 1833. Mais cette pièce, quoi qu'en dise cet auteur, d'ordinaire si judicieux, n'est pas du Gaspre; elle nous paraît être de Jules Carpioni ou du moins de Jonas Umbach, qui, comme on le sait, copia, à s'y méprendre, différentes autres pièces de ce maître. Évidemment, c'est la première pensée ou l'imitation pastichée, avec certaines licences, du n° 7 de l'œuvre de Carpioni décrit par M. Bartsch dans le vingtième volume du *Peintre-Graveur*. La composition est dans le même sens, et *le faire* est identique. Mais deux arbres se voient à gauche, au lieu d'un seul, et le fond de la droite, orné, dans le n° 7, d'un rocher surmonté d'un château-fort, est, dans ce soi-disant neuvième morceau, orné de collines en avant desquelles se voient des palmiers. Les dimensions aussi diffèrent. Le n° 7 porte 8 po. 8 l. de haut, et 5 po. 8 l. de large, et la pièce en question porte 8 po. 6 l. de haut et 6 po. 1 l. de large. Restent les initiales : en supposant qu'elles ne soient pas tracées à la main sur l'épreuve de la Bibliothèque, ne signifieraient-elles pas tout aussi bien Giulio Delineavit que Gasparo Dughet ?

Pour ne point perpétuer une erreur, nous nous abstiendrons de comprendre la pièce en question dans l'œuvre de notre artiste.

OEUVRE

DE

GASPRE-POUSSIN.

SITES AGRESTES.

**1 A 4. SUITE DE QUATRE ESTAMPES , DE FORME RONDE ,
NON NUMÉROTÉES.**

Diamètre : 7 po. 8 à 9 l.

Chacune de ces pièces est marquée à la gauche du bas :
Gasparo Duche in. sculp. Romæ.

On connaît trois états de ces planches :
I. Avant l'adresse ci-après.
II. Avec l'adresse de *Mauperché,* à la droite du bas.
III. Cette adresse effacée. Alors les épreuves sont pâles et
dépourvues d'harmonie.

I.

1. Le côté droit de ce morceau présente des mon-
ticules surmontés de trois arbres. Au milieu du devant, un homme, enveloppé d'un manteau, passe
près d'un autre homme qui est nu et assis sur le
bord d'un chemin, comme pour l'engager à se lever
et à le suivre.

2.

2. Paysage offrant la vue d'une rivière qui se perd dans le lointain, en baignant le pied d'une chaîne de montagnes qui bornent l'horizon. Sur le devant, à gauche, est une pièce d'eau sur le bord de laquelle on remarque un homme tenant, de la main gauche, un bâton, et tendant la droite à un autre homme qu'on voit un genou à terre et dont l'attitude exprime la faiblesse ou l'abattement.

3.

3. Pays montueux entrecoupé par un ruisseau formant cascade sur le second plan à gauche et qui s'élargit sur le devant, où il forme une espèce de bassin ; on remarque, au milieu, un jeune homme sortant de l'eau, portant un vase qu'il vient de remplir. Un autre jeune homme marche, à pas précipités, à droite, en se dirigeant vers le fond.

4.

4. Cette estampe offre, à droite, une pièce d'eau dont le bord est garni de buissons et de quelques arbres parmi lesquels on remarque les quatre qui forment un groupe sur le devant, à gauche. Sur le premier plan, vers le milieu, deux hommes sont assis et portent leurs regards à droite.

SITES DES CAMPAGNES DE ROME.

5 a 8. SUITE DE **4** ESTAMPES EN LARGEUR NON NUMÉROTÉES.

Largeur : 10 po. 7 à 10 l. Hauteur : 7 po. à 7 po. 4 l., non compris la marge du bas, qui porte de 3 à 4 l.

Chacune de ces pièces est marquée, à gauche de la marge : *Gasparo Duche in. sculp. Romæ*, à l'exception de la dernière, où le mot *sculp* est abrégé ainsi : *scp*.

On connaît deux états de ces planches :
I. Avant l'adresse ci-après.
II. Avec l'adresse de *Mauperché*, dans la marge, à droite.

I.

5. Une rivière dont les bords sont garnis, çà et là, de quelques arbres et de touffes de plantes aquatiques, et qui est traversée par un pont de pierre dont la partie ruinée a été réparée en charpente. Au delà de ce pont, qui se voit à gauche, le fond présente une chaîne de montagnes arides qui fuient dans le lointain, à droite. Le devant est animé par trois hommes dont l'un pêche à la ligne, les deux autres sont couchés sur le rivage.

2.

6. Le côté droit de ce morceau offre un chemin conduisant à une petite montagne, au haut de laquelle on voit un homme à cheval dirigeant ses pas vers le fond. Au pied de la montagne, un homme vu par le dos, et semblant montrer le cavalier, parle à un autre homme qui est assis sur le bord du chemin.

3.

7. Large rivière traversée, au milieu du fond, par un pont de pierre ruiné. Au devant, un homme dans un bateau, s'approche du rivage, à gauche, sur lequel une femme est assise près d'un arbre.

4.

8. Pays rempli de petites montagnes dont une est surmontée d'une maison avec tour carrée; une autre, plus éloignée, semble être volcanique par la colonne de fumée qui sort de son sommet. Le devant de la droite est garni de quelques arbres, et, vers le milieu, se voit un homme, assis sur une butte, parlant à un autre qui est debout devant lui.

On connaît une copie en contre-partie de ce dernier morceau, dans la marge de laquelle on lit, à gauche : *Gasparo de Pusino del, e Incise.* Elle ne méritait pas les honneurs du catalogue de vente de M. le duc de Buckingham, où elle figure sous le n° 2603.

BOURDON.

SÉBASTIEN BOURDON, né à Montpellier en 1616, dut les premiers élémens de l'art à son père, qui était peintre sur verre. A l'âge de dix-huit ans, il vit Rome, où il lia connaissance avec Claude le Lorrain, qui jouissait, dès lors, d'une grande célébrité; mais il ne séjourna que trois ans en Italie. De retour en France, il fit, en 1643, à l'âge de vingt-sept ans, le fameux tableau du crucifiement de saint Pierre de Notre-Dame de Paris, lequel se voit maintenant au Musée royal. Nommé peintre de la reine Christine de Suède, il habita ses états durant dix années. En 1663, il revint à Paris, qu'il ne quitta plus jusqu'à sa mort, arrivée en 1671.

Grand coloriste, sa touche était extrêmement légère et sa couleur très fraîche. Il peignit, tour à tour, l'histoire, le genre, le portrait et le paysage.

Il fut l'un des douze anciens qui commencèrent, en 1648, l'établissement de l'Académie royale de peinture, dont il fut le premier recteur.

Les estampes de ce maître, et principalement ses œuvres de miséricorde, sont de très belles choses qui témoigneront à toujours de la puissance de son talent comme graveur à l'eau-forte et au burin qu'il sut manier avec une grande habileté, en même temps qu'elles accusent assez généralement, il faut

le dire, son peu de correction dans les extrémités
des figures. Toutefois, ses têtes sont belles et les
attitudes de ses vierges sont aussi variées que gracieuses.

S'il prit pour modèles le Titien, le Poussin, le
Benedette, Pierre de Laër ou Jean Mièle, ses productions ne se ressentent de leur manière qu'à la
façon des grands maîtres, c'est à dire qu'en se l'ap-
propriant, il l'incorpora, pour ainsi dire, à son
propre talent; car, évidemment, il eut un style qui
ne fut qu'à lui.

D'Argenville ne porte qu'à quarante le nombre
des planches de notre artiste; le fait est qu'il en a
gravé quarante-quatre, comme on le verra par son
œuvre que nous publions.

OEUVRE

DE

BOURDON.

⁂

SUJETS DE L'ANCIEN TESTAMENT.

—

1. *Le Retour de Jacob.*

On voit, dans cette estampe, Jacob debout, sur le second plan, au milieu de la composition, en avant de deux grands arbres tronqués par le bord supérieur de la planche, ayant, à sa gauche, sa femme qui, la tête penchée, porte ses regards dans le fond de la droite. Un jeune garçon les précède, qui regarde un troupeau passant sur le premier plan et dirigé à droite. A gauche, la suite du cortége descend une montagne boisée qui s'élève de ce côté jusqu'au haut du sujet. Pièce dans le goût de J.-B. Castiglione dit le Benedette.

Dans la marge, à gauche, en deux lignes : *Redit Iacob... ac gregibus*, et, à droite, pareillement en deux lignes : *Iacob durant l'absence... et ses troupeaux.*

Au ciel, à droite : *Seb. Bourdon jnuenit et fecit L. Boisseuin ex. cum priuil. Regis.*

Hauteur : 10 po. 4 l., y compris 5 l. de marge. Largeur : 7 po. 6 l.

On connaît trois états de cette planche :

I. C'est celui décrit.

II. Le nom de *P. Mariette* substitué à celui de Boissevin.

III. Le nom de *Mariette* effacé.

2 A 8. LES OEUVRES DE MISÉRICORDE.

SUITE DE 7 PIÈCES NUMÉROTÉES EN CHIFFRES ROMAINS.

Dans la marge de chacune de ces pièces, savoir : au milieu, le texte, précédé du n° ; à gauche, la dédicace à M. de Colbert ; et, à droite, le nom du maître.

Largeur : 21 po. 3 à 8 l. Hauteur : 14 p. 9 l. à 15 p. 4 l., non compris la marge qui porte de 8 à 9 l.

On connaît deux états de ces planches :

I. Avec ces mots : *Se vend chez l'Autheur, au fauxbourg St Anthoine*, sans autre addition aux n°ˢ I et VI, mais avec l'addition : *Rue de Ruilly,* aux n°ˢ II, III et VII, et *proche la Halle*, aux n°ˢ IIII et V.

II. Avec l'adresse de *P. Mariette.*

2. *Esurientes pascere.*

(I) Abraham traite les anges qui lui annoncent la fécondité de Sara. Le patriarche, debout, à gauche, en avant de Sara, est frappé d'étonnement au discours que lui tient l'un des anges, placé à côté de lui, appuyé sur une espèce de parapet ; deux autres anges sont assis à la table du festin, qui se voit au milieu de l'estampe, non loin d'une eau limpide qui baigne le bas de la droite. Un des serviteurs d'Abraham se penche pour placer les mets, tandis que deux autres, aux formes robustes, portent un grand vase vers la cuisine, qui s'aperçoit au fond de la droite.

3. *Potare sitientes.*

(II) Abdias nourrit de pain et d'eau les prophètes persécutés par Jézabel. Le saint homme se voit debout, à droite, indiquant, du geste, les alimens aux prophètes qui sont groupés dans différentes attitudes au milieu de la composition, en avant des cavernes où il les avait cachés. Jézabel se voit, dans l'éloignement, sur son char, au haut de la gauche.

4. *Hospitio excipere* (1) *advenas.*

(III) Loth donnant l'hospitalité aux anges, à Sodome. A côté du bassin d'une fontaine, qui se voit à droite, Loth et sa femme reçoivent l'un des anges, tandis qu'un de leurs serviteurs s'apprête à laver les pieds d'un autre ange qui est assis, à gauche, sur un lit, en avant d'un buffet que garnissent deux servantes. Les deux filles de Loth sont debout, à gauche, groupées avec grace.

5. *Vestire nudos.*

(IIII) Job soulage les pauvres et leur fait distribuer de l'argent et des vêtemens. Il est assis sous une tente dressée sur un monument qui se voit à droite, lequel paraît être la continuation de tous ceux qui ornent le milieu et la gauche de la composition. Des pauvres, bras tendus, reçoivent des dons que d'autres, placés à gauche, ont déjà reçus ou s'apprêtent à recevoir.

------

(1) Ce mot est écrit : *exipere.*

6. *Ægros curare.*

(**V**) David, prosterné, demande au Seigneur la guérison de son peuple frappé de la peste, et l'ange exterminateur remet l'épée dans le fourreau. Le prophète-roi est au haut de la gauche, et l'ange plane devant lui, au milieu de la composition. Des morts et des mourans, hommes, femmes et enfans, sont placés çà et là, soit à terre, soit sur les marches ou les terrasses des magnifiques édifices qui décorent cette admirable composition.

7. *Liberare captiuos.*

(**VI**) Après la prise de Jérusalem, Nabuzardan fait ôter les chaînes à Jérémie. Il est assis, vu de profil, et tourné à droite, au milieu de l'estampe; en face de lui, du même côté, se voient et le prophète et les hommes qui exécutent les ordres de Nabuzardan. A gauche, sont des captifs enchaînés et des soldats qui emportent l'arche d'alliance et les richesses du temple. Un incendie règne dans le fond.

8. *Sepelire mortuos.*

(**VII**) Tobie fait ensevelir les hommes que Sennacherib avait fait tuer. Il est debout, à gauche, suivi de deux enfans, au pied d'une fosse dans laquelle deux hommes descendent un corps recouvert d'un linceul. Beaucoup d'hommes, de femmes et d'enfans contemplent, avec des sentimens divers savamment exprimés, et cette scène de douleur, et la continuation du massacre que semble encore commander Sennacherib, qui se voit sur son char au haut de la droite.

⸺◦⸺

SUJETS DU NOUVEAU TESTAMENT.

—

9. *La Salutation angélique.*

La Vierge Marie était assise à gauche, en face d'une table où se voit un livre ouvert, lorsque, saisie d'une sainte terreur à l'apparition des anges, elle se précipite à genoux sur sa chaise en entendant la parole céleste.

Dans la marge, en une ligne : *Quam grata.... pacis autorem.*

Au haut, sur les nuages : *Seb. Bourdon jnuenit et fecit. L. Boisseuin ex. cum priuil. Regis.*

Hauteur : 6 po. 4 l., y compris 3 l. de marge. Largeur : 4 po. 9 l.

On connaît deux états de cette planche :
I. C'est celui décrit.
II. Le nom de Boissevin effacé.

10. *La Visitation.*

Sainte Élisabeth, debout sur les degrés d'un temple qui se voit à gauche, reçoit la sainte Vierge venue de la droite, où un ange garde sa monture et où se voit saint Joseph.

Dans la marge, en deux lignes : *Surgens Maria... in cius vtero.*

Au ciel, au haut de la droite : *Seb. Bourdon jnuenit et fecit. L. Boisseuin ex. cum priuil. Regis.*

Hauteur : 4 po. 6 l., y compris 4 l. de marge. Largeur : 4 po. 7 l.

On connaît deux états de cette planche :
I. Avant les travaux ci-après.
II. Au ciel, tout près de la branche d'arbre la plus rapprochée du bord droit de la planche, on voit différens traits de pointe sèche se croisant. Les épreuves de cet état sont pâles.

11. *L'Annonce aux bergers.*

Des bergers et leurs troupeaux, qui se voient sur le premier plan, sont saisis d'effroi au coup de lumière qui part d'une gloire d'anges, apparaissant au haut de la gauche, annonçant la naissance du Christ.

Dans la marge, en une ligne : *Angeli pastoribus... esse nunciarunt.*

Au ciel, vers les deux tiers de la droite : *Seb. Bourdon inuenit et fecit L. Boisseuin ex. Cum priuil. Regis.*

Hauteur : 6 p. 5 l., y compris 4 l. de marge. Largeur : 4 po. 7 l.

On connaît deux états de cette planche :
I. L'angle du haut, à droite, est aigu.
II. Cet angle est arrondi comme les trois autres.

SAINTES FAMILLES.

—

PIÈCES DE FORME RONDE.

12. *La Vierge à l'écuelle.*

En avant d'un mur servant de soubassement à une colonne qui se voit à droite, la Vierge, assise au milieu de l'estampe, soutient l'écuelle que son divin fils, debout à côté d'elle, tient de ses deux mains, en portant ses regards sur le petit saint Jean agenouillé près de lui, à droite. Saint Joseph travaille dans le fond de la gauche. Pièce sans marque.

Diamètre : 6 po. 2 l.

On connaît deux états de cette planche :

I. C'est celui décrit.

II. De ronde qu'elle était dans le premier état, la planche est devenue ovale en hauteur. L'enfant Jésus ne se voit plus que jusqu'à mi-cuisses ; le petit saint Jean est disparu, et l'on n'aperçoit plus que le pan de derrière de la robe de saint Joseph. L'ovale est bordé d'un trait.

Au bas, dans une petite marge : *Puerulus autem crescebat et coroboratur spiritum.*

Au dessus de cette inscription, dans les angles du bas, à gauche : *S. Bourdon. fecit.* ; et, à droite : *P. Mariette exc.*

Hauteur : 4 po. 10 l., y compris la marge. Largeur : 3 po. 4 l.

13. *La Vierge au rideau.*

Assise à gauche, la sainte Vierge prend dans ses bras son divin fils qui sort de son berceau vu à droite. Sous un rideau tendu au fond, de ce côté,

saint Joseph s'avance et paraît adresser la parole à
la Vierge.

Au bas, dans le vide du cercle en deux lignes :
Maria ancillia.... Jesu Christi dignissima, et au
bas de la droite : *Daman exc.*

Diamètre : 6 po. 9 l.

On connaît deux états de cette planche :
I. C'est celui décrit.
II. En avant du nom de Daman, on lit : *in Bassa*[no] *p il
Remond*[ni]

PIÈCES EN HAUTEUR.

14. *La Vierge au livre.*

La Vierge est assise à gauche, à côté de l'enfant
Jésus, qui se dresse pour regarder un livre dans lequel lit sa sainte mère, à l'endroit qu'indique du
doigt saint Joseph, qui se voit dans le fond de la
droite.

Au bas de la gauche : *S. Bourdon.*

Hauteur : 3 po. 7 lig. Largeur : 2 po. 1 l.

On connaît deux états de cette planche :
I. Avant l'adresse de Mariette : c'est celui décrit.
II. Avec ces mots : *Mariette ex.*, tracés au bas de la droite.

15. *La Vierge de* 1649.

La sainte Vierge, vue à mi-corps, paraît être debout, à la gauche de l'estampe. Elle est tournée à
droite et regarde du côté opposé, où l'on voit saint
Joseph, qui lui adresse la parole. Le Sauveur, souriant, est assis, au bas de la droite, sur un soubassement, et paraît vouloir prendre une fleur que sa

sainte mère tient de la main droite. Au bas de la droite de la composition : *S. Bourdon* 1649.

Dans la marge : **DILECTVS MIHI ET EGO ILLI.** *Petrus Mariette exc.*

Hauteur : 6 p. 5 l., y compris 10 l. de marge. Largeur : 4 po. 7 l.

On connaît deux états de cette planche :

I. Avant toute lettre.

II. C'est celui décrit.

16. *L'enfant Jésus foulant aux pieds le péché.*

Sur la marche d'un temple indiqué à droite, l'enfant Jésus, soutenu par sa sainte mère, debout, à gauche, foule aux pieds le péché sous la forme d'un serpent monstrueux. Saint Joseph est assis au bas de la droite.

Au bas, sur la coupe de la marche du temple : *S. Bourdon in. et sculp. I. Mariette ex.*

Hauteur : 7 po. 9 l. Largeur : 5 po. 5 l.

On connaît deux états de cette planche :

I. Avant toute lettre.

II. C'est celui décrit.

17. *La Fuite en Égypte.*

La Vierge, debout, à droite, sur une grande pierre, et regardant de face, tient dans ses bras l'enfant Jésus, et se dirige, au sortir d'un bois de palmiers, avec saint Joseph et leur monture, vers la gauche, pays rempli de précipices.

Au bas de la droite, sur la pierre : *S. Bourdon In. et fecit P. Ferdinand ex. auec Priu.*

42   **BOURDON.**

Hauteur : 8 po. 3 l. Largeur : 7 p.

On connaît trois états de cette planche :
I. Avec l'adresse de Ferdinand : c'est celui décrit.
II. Avec le nom de *Mariette*, substitué à celui de Ferdinand.
III. L'adresse effacée.

18. *Autre Fuite en Égypte.*

Saint Joseph est debout au milieu de l'estampe, tenant d'une main l'âne et montrant, de l'autre, à la sainte Vierge, qui le suit à gauche, portant dans ses bras son divin fils, le danger du pas à franchir. Il s'agit de traverser une rivière venant du fond et tombant en cascade en bas de la droite, à l'aide d'une grande pierre en forme de pont qui existe dessus, sur laquelle s'avancent déjà et le saint et la monture.

Dans la marge, à gauche : *S. Bourdon, in. et sculp. ex. cum priu.*

Hauteur : 10 po. 6 l.; y compris 6 l. de marge. Largeur : 8 po. 9 l.

On connaît trois états de cette planche :
I. C'est celui décrit.
II. Le mot *ex* (excudit) effacé; et, à droite de la marge, se lit : *A. Paris chez Pierre Mariette rue S^t. Iacques a l'Espérance.*
III. Cette adresse effacée.

PIÈCES EN LARGEUR.

19. *La sainte Famille et sainte Catherine.*

La Vierge, vue de face, au milieu de l'estampe, regarde une fleur que l'enfant Jésus, couché sur son giron, vient de recevoir, à ce qu'il semble, de sainte Catherine en adoration, à gauche, et qu'il montre à saint Joseph, qui se voit à droite.

Au haut de la gauche : *S. Bourdon jnuent. et fecit;* et, plus bas, sur le ciel : *L. Boisseuin ex. cum priuil. Regis.*

Largeur : 4 po. 2 l. Hauteur : 3 po. 10 l.

On connaît deux états de cette planche :
I. Avec l'adresse de Boissevin.
II. Cette adresse effacée.

20. *La Vierge à la terrasse.*

Sur une terrasse d'où l'on découvre, à gauche, un château-fort, avec une tour ronde environnée d'arbres, la mer et des montagnes, la sainte Vierge, assise à droite, vue de profil et regardant à gauche, tient assis sur ses genoux l'enfant Jésus, à qui le petit saint Jean, agenouillé au milieu de l'estampe, paraît offrir son agneau. Saint Joseph est penché sur un piédestal qui est au fond. Pièce qui a mal réussi à l'opération de l'eau-forte, et qui nous paraît être le coup d'essai du maître.

Sur la terrasse, l'inscription rapportée n° 26.

Largeur : 6 po. Hauteur : 4 p. 9 l.

On connaît deux états de cette planche :
I. Avant l'adresse d'Odieuvre.
II. Sur la terrasse, au bas de la gauche, on lit : *A Paris Chez Odieuvre.*

21. *La Vierge à l'oiseau.*

La sainte est assise au milieu de l'estampe, appuyée à droite sur une butte couronnée de trois gros arbres, et regardant saint Joseph assis au bas de la gauche. L'enfant Jésus, assis devant sa sainte mère, sur l'angle d'une construction, tient de la main droite un oiseau que le jeune saint Jean, debout devant lui, regarde.

Sur le ciel, au haut de la gauche : *Seb. Bourdon jnuent. et fecit;* et, plus bas : *L. Boisseuin ex. cum priuil. Regis.*

Largeur : 6 po. 4 l. Hauteur : 4 p. 8 l.

On connaît deux états de cette planche :
I. C'est celui décrit.
II. L'adresse de Boissevin effacée.

22. *Le Songe de saint Joseph.*

Vue de l'intérieur de l'étable où naquit le Sauveur. Un ange, venu de la gauche, apparaît en songe à saint Joseph, qui sommeille au milieu de l'estampe, et lui transmet l'ordre du Très–Haut. L'enfant Jésus, couché sur un bât, paraît sommeiller aussi, et sa sainte mère, assise à côté de lui, dans le fond de la droite, est penchée et l'adore. Dans le fond de la gauche, l'âne est au râtelier, et le bœuf, couché, rumine.

Au bas de la droite : *S. Bourdon jn et sculp. cum priuil. au faubourg S.t Anthoine.*

Largeur : 8 po. 8 l. Hauteur : 7 po.

On connaît deux états de cette planche :
I. C'est celui décrit.
II. Les mots *au faubourg S.t Anthoine* effacés, et le trait au dessous de l'inscription du premier état a été prolongé jusqu'au bord droit de la planche. Au dessous de ce trait, on lit : *A Paris chez P. Mariette rue S.t Jacques a l'Esperance.*

23. *L'Ange conseille saint Joseph.*

Vue extérieure de l'étable de Bethléem. Saint Joseph, debout au milieu de l'estampe, appuyé sur l'âne qui s'abreuve, prête une oreille attentive aux conseils de l'ange, planant derrière lui, et qui lui montre le chemin que la sainte famille doit suivre. La Vierge, attentive à ce qui se passe, se voit à droite tenant de ses deux mains l'enfant Jésus. Pièce sans marque.

Largeur : 8 po. 4 l. Hauteur : 6 po. 9 l.

On connaît trois états de cette planche :

I. Avant toute lettre.

II. On lit sur la terrasse, à gauche : *S. Bourdon, jn. et sculp. Cum pr.*

III. On lit, de plus, au coin bas de la droite : *P. Mariette excu.*

24. *Fuite en Égypte.*

La sainte famille est à gauche, portant ses pas du même côté où l'on voit la mer en perspective, mais en dirigeant ses regards du côté opposé. Au bas de la droite, des eaux tombent en cascade, après avoir baigné le pied d'une ville fortifiée qu'environnent des arbres, qui s'aperçoit dans le fond du même côté.

Sur la terrasse, à gauche : *S. Bourdon, in. et. s. cum priuil.*

Largeur : 8 po. 3 l. Hauteur : 6 po. 9 l.

On connaît deux états de cette planche :

I. Avant l'adresse de Mariette.

II. Au bas de la droite, on lit : *P. Mariette excud.*

25. *Autre Fuite en Égypte.*

La sainte famille, venue de la droite, où se voit encore l'âne, qui passe d'une manière rétive sur des planches formant pont sur un cours d'eau qui baigne tout le devant de la composition, va franchir un fleuve coulant à gauche, à l'aide d'une embarcation que lui amène avec effort un batelier.

Sur les eaux à gauche : *S. Bourdon, jn. et s. cum priuil.*

Largeur : 8 po. 8 l. Hauteur : 6 po. 10 l.

On connaît deux états de cette planche :
I. Avant l'adresse de Mariette.
II. Au bas de la droite, on lit : *P. Mariette excud.*

26. *Repos en Égypte.*

La Vierge est assise vers le milieu de l'estampe sur le parapet d'une fontaine monumentale, qui se voit à droite, à côté du piédestal d'une statue dont le torse mutilé gît à terre. Elle semble vouloir poser à côté d'elle son précieux fardeau, tout en s'entretenant avec saint Joseph, qui, placé debout derrière elle, lui montre les débris de la statue.

Sur la terrasse, au bas de la gauche : *S. Bourdon, jn. et sculp. cum priuil.*

Largeur : 8 po. 6 l. Hauteur : 7 po.

On connaît deux états de cette planche :
I. Avant l'adresse de Mariette.
II. Avec ces mots tracés au milieu du bas : *P. Mariette excud.*

27. *Le Retour d'Égypte.*

La Vierge et saint Joseph, ayant entre eux le Sauveur, qu'ils tiennent chacun par une main, se voient marchant avec lui, au milieu de l'estampe, au détour du parapet d'un pont en pierre, qui est à droite, et se dirigent à gauche.

Au bas de la gauche : *S. Bourdon, jn. et sculp. cum priuil.*

Largeur : 8 po. 7 l. Hauteur : 6 po. 10 l.

On connaît trois états de cette planche :
I. Avant l'adresse de Mariette : c'est celui décrit.
II. Au milieu du bas, on lit : *P. Mariette excud.*
III. Cette adresse est effacée. Les nuages, au haut de la droite, ne s'aperçoivent plus.

28. *La sainte Famille aux Anges.*

La Vierge est assise, à gauche, sur une pierre, et regardant à droite, où son divin fils repose dans le berceau. Le petit saint Jean est debout, à côté du Sauveur, et obéit au signe que lui fait la sainte Vierge. Deux anges sont en adoration au chevet du berceau, et saint Joseph, assis dans le milieu du fond, lit dans un grand livre. Pièce sans marque, mal venue à l'eau-forte. C'est, sans nul doute, un autre coup d'essai du maître.

Largeur : 10 po. 5 l. Hauteur : 6 po. 4 l.

29. *La sainte Famille au Lavoir.*

Superbe paysage dans le fond duquel on aperçoit une ville fortifiée ornée d'un obélisque. Sur le premier plan, au milieu de l'estampe, la Vierge, assise sur un parapet, le corps tourné à droite et la tête vue de face, reçoit dans une écuelle l'eau qu'y verse le petit saint Jean debout devant elle, à droite, près de sainte Élisabeth. En avant de la Vierge, Jésus, assis sur un coussin, caresse l'agneau du Précurseur. Au bas de la gauche, une femme lave du linge dans l'eau d'une fontaine où nagent deux canards. Plus haut, de ce côté, saint Joseph, assis au pied d'un monument, et regardant du même côté, est dans l'attitude de la méditation, tandis que l'âne, la tête penchée dans le coin, broute un chardon.

Dans la marge, à gauche : *S. Bourdon, jn, et sculp.*, et à droite : *cum priuilegio Regis;* et au dessous de ces derniers mots : *Chez l'autheur, au fauxbourg St Anthoine, proche la Halle.*

Largeur : 17 po. 7 l. Hauteur : 13 po. 1 l., y compris 4 l. de marge.

On connaît trois états de cette planche :
I. Avec l'adresse de l'auteur.
II. Cette adresse effacée.
III. Avec l'adresse ci-après, au milieu de la marge : *A Paris chés Buldet rue de Gesvres.*

30. *Le Baptême de l'Eunuque.*

Sur le devant de la droite, l'eunuque est debout dans l'eau qui baigne le bas de l'estampe de ce côté, les bras croisés sur sa poitrine, et le corps incliné à gauche, vers saint Philippe, qui le baptise. Derrière l'apôtre, est un petit Maure, qui porte son turban et la queue de son manteau ; plusieurs personnages debout, derrière l'apôtre, en avant d'un obélisque tronqué, qui occupe le fond, semblent contempler la cérémonie. Dans le fond de la droite, se voit le chariot de l'eunuque, attelé de deux chevaux qui se câbrent.

Au ciel, à droite : *Seb. Bourdon jn. et fecit ;* et au dessous : *L. Boisseuin ex. cum priuil. Regis.*

Dans la marge, à gauche : *Philippus Apostolus.....* *et Baptizat ;* et à droite : *S.' Philippe.... le baptize,* en deux colonnes de deux lignes chaque.

Hauteur : 12 po. 9 l., y compris la marge de 5 l. Largeur : 9 po. 7 l.

On connaît deux états de cette planché :
I. C'est celui décrit.
II. Avec le nom de *Bruxelles* substitué à celui de Boissevin.

SUJETS DE GENRE.

31 A 52. SUITE DE **2** PIÈCES NON NUMÉROTÉES
(*dans le goût de Pierre de Laër, dit Bamboche*).

Sur le ciel, au haut de la gauche : *Seb. Bourdon jnvent.* (ou *jnuenit*) *et fecit ;* et au dessous : *L. Boisseuin ex. cum priuil. Regis.*

Largeur : 6 p. 3 l. à 6 po. 7 l. Hauteur : 4 po. 7 l.

31. *Les Pauvres au repos.*

(1) En avant d'une montagne stérile, qui s'abaisse à gauche, où se voit dans le fond une grosse tour ronde, deux hommes, une femme et son enfant,

qu'un chien veille, se reposent sur le premier plan,
non loin d'un arbre mort.

32. *L'Enfant qui boit.*

(2) Mère de famille assise au milieu de l'estampe,
portant sur son dos un nourrisson que soutient une
femme, qui se voit dans le fond de la droite. Son
jeune garçon, debout devant elle, boit avec avidité
dans l'écuelle qu'elle tient. Sur le premier plan, un
homme, assis par terre, s'appuie sur un fût de colonne renversé. Le lointain, à gauche, offre une
église entourée d'arbres, vers laquelle semble se diriger un homme enveloppé d'un manteau.

PAYSAGES

*ornés, pour la plupart, d'épisodes de l'ancien et du nouveau
Testament.*

33 A 44. SUITE DE 12 PIÈCES NON NUMÉROTÉES.

Largeur : 15 po. 10 l. à 16 po. 2 l. Hauteur : 10 po. 9 l. à
11 po. 1 l.

On connaît trois états de ces planches :
I. Avant l'adresse de Mariette : c'est celui que nous allons
décrire.
II. Avec cette adresse.
III. Cette adresse effacée. En cet état, les épreuves sont
très faibles de ton.

I.

33. Au milieu de l'estampe, près d'une rivière
coulant sur le premier plan, un berger, suivi de son

chien, fait sortir son troupeau, qui était parqué, et le dirige à gauche.

Sur l'eau, de ce côté : *S. Bourdon, pinx et sc C. P. R.*

Dans une marge d'un pouce de haut, qui règne au bas de cette pièce, est l'empreinte d'une planche séparée, offrant, en deux lignes, 1° au milieu, la dédicace de cette suite, à M. de Colbert; 2° à gauche, ces mots : *Sebastianus Bourdon pinx. et sculps. Cum Priuilegio Regis.*; 3° et, à droite, ceux-ci : *Se vend chez l'autheur au faux bourg St Anthoine.Ruë de Ruilly.*

2.

34. Superbe paysage orné de monumens d'une riche architecture, dans lequel une large rivière, présumée le Nil, venant du fond, à gauche, coule sur le second plan du milieu. Sur ce fleuve, deux hommes montant un bateau pêchent au filet. Le bas de la droite est animé par Joseph, environné de sa suite, qui paraît occupé du gouvernement de l'Égypte.

Au bas de la droite : *S. Bourdon, pinx. et sc. C P R.*

3.

35. Des eaux, en double cascade, s'échappent du fond de la gauche, en passant sous un pont de bois, qu'on voit sur des rochers, et viennent fuir en triple cascade vers le milieu de l'estampe, où elles alimentent une rivière, qui coule sur le second plan à droite, laquelle baigne les murs d'une ville que dominent de hautes montagnes. Sur le premier plan, au milieu de l'estampe, gît un homme mort, à peu près nu. Ce paysage est animé par deux lévites; l'un, parvenu près du cadavre, à côté de deux grands arbres, regarde avec recueillement la chute de la double cascade, et l'autre arrive à pas comptés du fond de la droite. Ces lévites semblent remplir le pieux devoir prescrit par les nombres 1 et 2 du chap. XXI du Deutéronome.

Sur une pierre, à gauche : *S. Bourdon pinx et sc. C P R.*

4.

56. Ce paysage offre, dans le fond, la vue d'un promontoire que couronne une montagne conique, édifié, à sa base, d'une forteresse que défend une jetée qui se prolonge vers la gauche. Ce promontoire se rattache au continent, à droite, par un site montueux et caverneux vers le bas de ce côté, mais pourtant boisé. Des eaux s'échappent d'une digue, au milieu, et viennent tomber en cascades sur le devant dans des précipices qui bordent un chemin. A gauche, au sein d'arbres clair-semés sur un sol rocailleux, trois brigands s'enfuient en dépouillant un homme qu'ils laissent pour mort sur la place.

Sur la terrasse, à gauche : *S. Bourdon pinx et. sc. C. P. R.;* et vers le milieu : *Se vend chez l'Autheur, au faux bourg S. Anthoine.*

5.

57. Site sauvage orné, dans le lointain, au milieu, d'une tour cannelée, du haut de laquelle s'élèvent des

tourbillons de fumée, et, à gauche, d'un monument
sur dés, espèce de borne, surmonté d'une boule. Au
milieu, non loin de trois gros arbres, se voit le Samaritain charitable, descendu de sa mule, qui verse
de l'huile et du vin dans les plaies de l'homme laissé
pour mort dans la composition précédente.

Sur la terrasse, à droite : *S. Bourdon pinx. et
sc. C. P. R.*

6.

38. Le bon Samaritain fait descendre de sa mule
l'homme blessé, pour le faire porter à l'hôtellerie,
qui se voit à gauche, non loin du bord d'une large
rivière, venant, tout à la fois, du fond de la gauche
et de la droite, où, de ce dernier côté, se remarque
un pont qui joint des bâtimens d'une riche architecture.

Dans le coin, à droite : *S. Bourdon p. et sc C.
P. R.*

7.

39. La partie droite de ce morceau offre un sol
montueux et stérile, où végétèrent jadis deux vieux
chênes maintenant desséchés. La gauche, au contraire, est plantée de palmiers verdoyans et ornée
de monumens somptueux. C'est de ce dernier côté,
présumé sol de l'Egypte, que, du milieu de l'estampe
où ils sont parvenus, saint Joseph, suivi de son âne, et
la sainte Vierge, à laquelle il donne la main, se dirigent, en traversant un torrent sur un pont de planches. Un ange plane dans les airs en avant de la
sainte famille.

Sur la terrasse, à gauche : *S. Bourdon pinx. et. sc. C. P. R.*

8.

40. A droite, près d'un champ de blé, non loin de constructions rustiques, de l'une desquelles sort le robinet d'une fontaine, dont les eaux baignent le milieu de la composition, se voit N.-S. Jésus-Christ, entouré de ses disciples. Au delà, un chariot de blé traîné par deux bœufs. Au milieu, en avant d'un arc de triomphe, une aire qu'un homme fait parcourir circulairement à quatre chevaux, pour dépiquer le grain. Des moissonneurs se reposent à gauche, à l'ombre de grands arbres.

Au bas de la droite : *S. Bourdon pinx et sc. C̃. P. R.*

9.

41. Vue d'une ville. En avant, au milieu de l'estampe, Jésus–Christ s'entretient auprés d'un puits avec la Samaritaine.

Sur la terrasse, à droite : *Se vend chez l'Autheur au faux bourg S͗. Anthoine.*

10.

42. Rivière venant de la droite, et que maintient dans son lit, en cet endroit, le parapet d'un pont en pierre, qui fut là, et dont on aperçoit les débris à gauche. Elle se précipite avec fracas, au milieu de l'estampe, d'abord, sur le premier plan, sous un pont de planches fixé sur pilotis, et ensuite dans le réservoir d'un moulin existant à gauche, en avant des restes d'un ancien château environné de rochers, qui se voient au milieu du fond. Une femme à cheval, et un homme qui la suit à pied, franchissent ce pont, et se dirigent à gauche.

Sur la terrasse, à droite : *S. Bourdon pinx et sc. C. P. R.*

II.

43. Au sommet d'une montagne qui règne depuis la gauche jusqu'au delà du milieu de l'estampe, se voient les débris de vastes constructions antiques, en deçà desquels coule une rivière, dont les eaux tombent en bouillonnant dans le bas de la gauche, où se voit un gué que vient de franchir un chariot attelé de deux chevaux, qui gravissent avec peine un chemin montueux, tirant vers la droite, aidés qu'ils sont, par le charretier, placé en tête de l'attelage, et par un homme qu'on voit derrière l'une des roues du chariot, et qui le pousse.

Au bas de la gauche : *S. Bourdon pinx. et. sculps. C. P. R.;* et à droite : *Se vend chez l'Autheur au faux bourg S. Anthoine.*

12.

44. Chariot conduit par deux paires de bœufs, de la droite vers la gauche. Le charretier, effrayé par l'orage, se courbe en se rapprochant du chariot; les deux premiers bœufs de l'attelage sont tombés à terre, frappés de la foudre qui, du même coup, semble avoir terrassé un berger qui se voit étendu à gauche, derrière son troupeau, qui fuit en désordre.

Au bas de la droite : *S. Bourdon p. et sc. C P R.*

PIÈCES FAUSSEMENT ATTRIBUÉES A BOURDON.

1. *La sainte Famille dans un octogone en travers.*

Assise à gauche, en avant de deux colonnes cannelées, la Vierge tient en travers, sur elle, l'enfant Jésus, qui offre sa main à baiser au petit saint Jean, agenouillé devant lui. Saint Joseph est dans le fond de la droite, tenant un livre ouvert et regardant cette scène. Pièce sans marque.

Largeur : 4 po. 7 l. Hauteur : 3 p. 1 l.

M. Bénard, dans le Catalogue du Cabinet Paignon-Dijonval, avait déjà dit, de cette pièce, qu'elle était de Jean Mièle, mais sans citer d'autorités à l'appui de son sentiment. Nous sommes entièrement de son avis, en nous fondant sur le Catalogue des estampes du fonds de Rossi, marchand d'estampes, à Rome, édition de 1700, dans lequel ce morceau est désigné ainsi, page 68 :

La Madonna col Bambino, san Giovanni e san Giuseppe, invenzione, ed intaglio in acqua forti di Giovanni Miele, *in-4º. folio reale per traverso* (1).

2. *La sainte Famille en hauteur.*

Assise au milieu de l'estampe, en avant d'un palmier, la Vierge a donné le sein à l'enfant Jésus, assis sur son giron, qui paraît s'endormir ; elle fait un signe au petit saint Jean, portant sa croix, qui est entre elle et saint Joseph, qui occupe le bas de la gauche. Deux anges apparaissent dans l'angle

---

(1) Le prix est fixé à 5 baïoques = 28 c.

droit du haut. Sur la terrasse, à gauche : *S. B. F.;*
et à droite : *Cars ex.*

Hauteur : 6 po. 3 l. Largeur : 4 p. 9 l.

Cette planche est d'un travail qui s'éloigne trop de celui de
notre maître, pour qu'on puisse la lui attribuer ; mais elle
est certainement d'après lui : nous la croyons de *Cars* même.

3. *La Vierge sur une arche souterraine.*

La sainte Vierge, vue de profil, regardant à
droite, est assise au milieu de ce morceau, adossée
à une colonne tronquée, l'un des restes d'un monument qui fut là, et dont une arche souterraine se
voit au milieu du bas. Elle tient à sa droite l'enfant
Jésus, assis sur un cube, et, à sa gauche, le petit
saint Jean, qui, prenant son mouton par un pied,
l'offre au Sauveur. Saint Joseph, assis au bas de la
gauche, regarde cette scène. Au bas de la droite : *A
Paris P. Mariette excudit.*

Largeur : 10 p. 4 l. Hauteur : 7 p. 2 l.

On connaît deux états de cette planche :
I. C'est celui décrit.
II. L'adresse de Mariette est effacée, et son emplacement
couvert de travaux au burin, qui contrastent avec ceux qui
les entourent.

Cette pièce, évidemment d'après une composition de Bourdon, nous paraît être de la pointe de Mariette.

TABLE

DES ESTAMPES GRAVÉES PAR SÉBASTIEN BOURDON.

LE SUEUR.

Eustache Le Sueur naquit à Paris en 1617. Après avoir étudié sous Vouet, qu'il surpassa bientôt, il vola de ses propres ailes, et, par la puissance de son seul génie, devint un artiste du premier ordre, comme le témoignent ses tableaux, dont le nombre est d'autant plus surprenant qu'il cessa de vivre à trente-huit ans, en 1655. Il ne sortit jamais de France et mourut à Paris.

Nous devons à sa pointe, aussi vive qu'elle est spirituelle, une seule estampe dans laquelle brillent les caractères distinctifs de son talent, savoir, des attitudes simples, nobles et gracieuses, des expressions fines et justes, un dessin pur et un bel agencement de draperies.

Sainte Famille à mi-corps.

Au milieu de l'estampe, en avant du soubassement d'une colonne, la Vierge, vue de face, et la tête amoureusement penchée sur son divin fils, à qui elle donne le sein, le soutient de la main droite, placé qu'il est sur une draperie posée sur un appui existant en travers de la composition. Saint Joseph est à gauche, une main posée sur sa poitrine, et souriant à cette aimable scène. Le petit saint Jean, debout en avant de l'appui, tient dans ses bras son mouton qu'il offre au Rédempteur.

Dans la marge, à gauche : *Eusta . le Sueur Jnu et fe.*

Largeur : 7 po. 5 l. Hauteur : 6 po. 5 l., y compris 4 l. de marge.

On connaît deux états de cette planche :

I. Avant l'adresse de F. Bourlier. — *Très rare.*

II. On lit dans la marge, à droite : *F. Bourlier exc. cu. pri. Reg. Ch. A Paris.* Dans cet état, le sein et l'épaule droite de la Vierge, qui, dans le premier, n'étaient recouverts que d'une seule taille, sont recouverts de travaux qui croisent les premiers. — *Rare.*

LE BRUN.

Charles Le Brun, fils d'un sculpteur, naquit à Paris en 1619, et débuta dans l'école de Vouët dès l'âge de onze ans.

Le chancelier Seguier, ce protecteur éclairé des beaux-arts, à qui les talens extraordinaires du jeune Le Brun inspirèrent un vif intérêt, voulut qu'il vît l'Italie; il le confia, âgé de vingt-trois ans, au célèbre Poussin, et se chargea de sa pension pendant six années.

Durant son séjour à Rome, il fit de tels progrès, qu'à son retour à Paris, en 1648, il tint le sceptre des beaux-arts, et produisit, jusqu'à sa mort, arrivée en 1690, une infinité de vastes compositions où brillent des expressions fortes et sublimes, des attitudes imposantes, un dessin mâle, un beau jet de draperies, et un coloris qui rappelle l'école lombarde.

Nous lui devons sept estampes qui sont le produit d'une pointe un peu forte, mais assez badine et fort spirituelle, surtout dans les *Quatre Heures du jour.*

Cet artiste a eu un frère puîné, nommé Gabriel, qui n'est connu dans les arts que pour avoir gravé au burin les compositions d'autrui et avec peu de talent.

OEUVRE

DE

CHARLES LE BRUN.

—◦—

1. *L'enfant Jésus.*

Le Christ, enfant, est agenouillé, à gauche, vu de trois quarts, et tourné à droite, une main appuyée sur une éponge, et donnant de l'autre la bénédiction. A terre sont divers instrumens de la passion. Le fond offre un paysage où se voient, à droite, un piédestal, et, à gauche, le soubassement d'une colonne. Pièce sans marque.

Largeur : 4 po. 6 l. Hauteur : 4 po. 3 l., y compris 4 l. de marge.

On connaît deux états de cette planche :
I. Avant toute lettre.
II. Avec ces mots dans la marge, à gauche : *Le Brun in. fe.*, et, à droite : *Ciartres exc.*

2. *Le petit saint Jean.*

Le Précurseur, vu de trois quarts, est assis sur une butte, à gauche, en avant de deux troncs d'arbres. Sa tête est vue de profil, et il regarde à gauche. Son bras est posé sur le cou de l'agneau, dont de ses deux mains il caresse la tête.

Dans la marge, au milieu : *S. IEAN ;* à gauche : *Le Brun in f.*, et à droite : *Ciartres ex.*

Hauteur : 4 p., y compris 3 l. de marge. Largeur : 3 po.

3. *Saint Charles.*

Pièce ovale, dont parle d'Argenville, et que nous n'avons pas eu occasion de voir.

---

4 A 7. LES QUATRE HEURES DU JOUR,
suite d'autant d'estampes non numérotées.

Largeur : 8 po. 7 à 8 l. Hauteur : 6 po. 8 à 9 l.

On connaît deux états de ces planches :
I. Avec l'adresse de *Ciartres.*
II. Avec le nom de *Mariette*, substitué à celui de Ciartres.

4. *L'Aurore.*

(1) Un satyre, une bacchante et un enfant sont au repos dans le milieu de cette pièce. Le satyre, assis à droite, vu de profil, tourné à gauche, et regardant du côté opposé, où se voient un vase et des arbres, entre lesquels on aperçoit la tête d'un âne qui brait, a la main droite posée sur sa massue, et l'autre sur une pierre à côté de son carquois ; la bacchante est vue de trois quarts, une main appuyée à terre et la tête gracieusement posée sur le revers de l'autre ; elle est assise au pied d'une espèce de piédestal, qui se voit à gauche, sur lequel est un coq qui chante ; l'enfant est couché sur la bacchante et dort. Au ciel, au haut de la gauche : AVRORA.

5. *Le Midi.*

(2) En avant d'une tente jetée sur un gros arbre,

à gauche, le satyre est assis, couronné de pampres,
tenant, d'une main, une écuelle dans laquelle l'enfant boit, et posant l'autre sur cet enfant comme
pour étendre le jus que la bacchante y fait jaillir
d'une grappe de raisin qu'elle presse au dessus. Au
fond de la droite, une chèvre, dont on n'aperçoit que
la tête. Au ciel, au haut de la droite : MERIDIES.

6. *Le Soir.*

(3) A gauche, tout près d'un gros chêne, et sur
une pierre carrée placée en avant d'un piédestal
sculpté, qui supporte une espèce de monument au
haut duquel la bacchante attache des festons, est
assis le satyre tenant son enfant entre ses jambes.
Deux vases, aux formes élégantes, se voient, l'un,
debout, en face du satyre, à droite; l'autre, renversé,
au bas de la gauche. Au ciel, au haut de la droite :
VESPER.

7. *La Nuit.*

(4) Au milieu de l'estampe, le satyre, la bacchante et l'enfant sommeillent étendus à l'entrée
d'une forêt, en avant d'un foyer allumé, à gauche,
au dessus d'une espèce d'autel. Au ciel, au haut de
la droite : NOX.

DASSONVILLE.

Jacques Dassonville, *Da Sonville* ou *Dassonneville*, comme il se signe tour à tour (1), est un artiste sur lequel nous avons peu de données.

Basan (Dictionnaire des graveurs anciens et modernes) est, ce nous semble, le premier qui ait cherché à relever son nom de l'oubli : il le fait naître au Port-Saint-Ouen, près de Rouen, en 1719. M. Bénard (cabinet Paignon-Dijonval), et nous ignorons sur quel fondement, le qualifie de chevalier, en adoptant le sentiment de Basan sur l'époque et le lieu de sa naissance; mais M. Regnault-Delalande (catalogue du comte Rigal) fait judicieusement observer que l'année 1719 n'est nullement en rapport avec la date de 1658, qui, dit-il, se voit sur une des pièces de ce maître. Il aurait pu ajouter qu'elle ne l'est pas davantage avec l'adresse de Martin Vanden Enden que porte une autre pièce, lequel est mort vers le milieu du dix-septième siècle : MM. Basan et Bénard sont donc tombés dans une erreur que nous devons chercher à rectifier.

D'abord, M. Regnault-Delalande en commet une

---

(1) Ces noms sont écrits avec un *u* au lieu d'un *v*, comme cela s'est pratiqué en France jusqu'à la fin du dix-septième siècle.

autre quand il dit que la pièce qu'il cite est de 1658. Cette pièce, qui est le n° 34 de l'œuvre de Dassonville, porte réellement la date de 1656.

Cette même pièce a jusqu'alors paru être la seule qui portât un millésime ; mais nous avons découvert deux autres morceaux qui en sont revêtus, savoir, le n° 4, qui est de la même année, et le n° 5 qui est de 1653.

Trois autres pièces, pour en être dépourvues, n'ont pas moins une date tout aussi certaine ; nous voulons parler des trois vignettes gravées par notre artiste pour le premier volume, publié à Lille en 1666, de l'*Histoire de l'église métropolitaine de Reims*, par Dom Marlot.

Ces vignettes, échappées jusqu'ici aux recherches de tous les calcographes, démontrent incontestablement la non-supposition de date des pièces pourvues d'un millésime, en même temps qu'elles prouvent que Dassonville appartient au dix-septième siècle, et que, par conséquent, il n'a pu naître dans le dix-huitième. Ainsi, l'erreur de Basan est évidente. Nous pensons donc qu'il a voulu dire 1619 au lieu de 1719 ; dès lors, l'artiste avait trente-quatre ans quand il produisit notre n° 5, que nous croyons bien ne pas être la première pièce échappée à sa pointe.

Deux compositions de notre maître rappellent Callot, mais à la façon de Pierre Quast ou de Savery ; plusieurs sont dans la manière d'Adrien Ostade, mais avec une exagération de bassesse qu'évita soigneusement ce peintre célèbre ; toutes sont traitées d'une pointe parfois sèche, mais pourtant assez souvent aimable; les têtes surtout sont généralement touchées avec esprit.

L'œuvre que nous publions ne contient que trente-sept pièces, qui sont les seules que nous ayons réussi à voir. M. le comte Rigal en avait réuni quarante-trois. En ajoutant à ce nombre les n°s 4, 5, 35, 36 et 37, qu'il ne posséda pas, on voit que l'œuvre entier doit se composer de quarante-huit pièces au moins.

OEUVRE

DE

DASSONVILLE.

PIÈCES EN HAUTEUR.

1. *Le Flûteur.*

Buveur déguenillé, dont la tête barbue est couverte d'une calotte, assis en face d'un tonneau debout, sur lequel est une cruche ébréchée. Son corps est vu de trois quarts, et tourné à gauche; il regarde de face, et joue de la flûte traversière. Le fond est entièrement ombré. Pièce ovale en hauteur, sans marque.

Hauteur : 4 po. 3 l. Largeur : 3 po. 7 lignes.

2. *Le Pot de bière disputé.*

Intérieur de cabaret offrant la réunion de neuf personnes. Au milieu de l'estampe, homme et femme assis se disputent la possession d'un pot de bière, ce que regardent deux autres hommes, l'un assis derrière la femme, l'autre debout dans le fond sous le manteau de la cheminée, tandis qu'un troisième, assis à droite sur l'appui d'une croisée, semble attendre la fin de la dispute pour faire remplir la tasse qu'il tient. Sur le premier plan, au bas de la droite, petite fille accroupie et riant au nez d'un garçon assis devant elle, qui tient quelque chose sur ses genoux; dans le fond de la gauche, deux fumeurs.

Dans la marge, à droite, le nom du maître tel que nous le rapportons n° 27.

Hauteur : 2 po. 4 l., non compris la marge, qui porte 3 l. Largeur : 2 p.

3. *Le jeune Homme masqué, armé de verges.*

Homme et femme assis l'un en face de l'autre, au milieu de l'estampe. Entre eux, un jeune enfant, assis sur une sellette, tenant une tasse à la main, regarde avec effroi un jeune homme venu de la droite, la tête affublée d'un grand masque de vieillard, et la main armée d'une poignée de verges, avec lequel les autres spectateurs ont l'air d'intelligence. Un homme debout, au milieu du fond, sourit à un buveur attablé au fond de la gauche.

Sur une traverse, au haut de la gauche, en écriture cursive, à rebours : *Jacque Da Sonneuille in et fecit.*

Même dimension.

4. *La Vieille et les deux Enfans.*

Vieille assise au milieu de l'estampe, tournée à gauche, en avant d'un tonneau, tenant dans ses bras un marmot qui la chiffonne, et posant la main sur l'épaule d'un autre enfant, qui tient un pot, et qui se voit à gauche.

Dans le haut de ce dernier côté, en écriture cursive, à rebours : *J. da Sonneuille f.;* et, au dessous : 1656.

Même dimension.

5. *L'Épouilleuse de* 1653.

Vieille femme assise au milieu de l'estampe, vue de profil et regardant à droite, tout occupée qu'elle est à épouiller un jeune enfant dont la tête pose sur ses genoux. Un bossu, debout, se voit au delà, en face d'une autre vieille assise dans le fond de la gauche.

Au haut, de ce dernier côté, à travers les tailles dont le fond est ombré, le millésime 1653, à rebours; et, dans la marge, on lit pareillement, à rebours : *Jacques da Sonneuille fecit in.*

Hauteur : 2 p. 4 l., non compris la marge de 2 l. Largeur : 2 po. 1 l.

6. *L'Épouilleuse,* 2ᵉ *composition.*

Femme assise à gauche, tournée à droite, parlant à un homme et à une femme, venant du fond, en même temps qu'elle tue de la vermine à un homme agenouillé devant elle, dont la tête est posée sur ses genoux, et qui semble crier. Une table garnie d'un vase est à la gauche de l'épouilleuse, et un homme, dont on n'aperçoit que la tête, paraît assis en avant d'une cheminée qu'on voit au fond de la gauche. Pièce sans marque.

Hauteur : 2 po. 8 l. Largeur : 2 po. 2 l.

7. *La Chanteuse interrompue.*

Femme à table, assise à gauche, d'où vient le jour, tournée à droite et retournant la tête du côté opposé, comme pour faire finir un voisin appuyé sur sa chaise, et qui lui envoie des bouffées de fumée de tabac. Elle tient un papier sur lequel paraît être la chanson qu'elle chante, et que regarde un jeune enfant debout à côté d'elle ; en face, assis sur le bout d'une pièce de bois équarrie, est un homme coiffé d'un large chapeau, tenant un pot à la main ; à côté de lui, un jeune enfant, accoudé sur la même pièce de bois, paraît chanter, les yeux en l'air ; un sixième personnage, debout, dont le bonnet est orné d'une plume, se voit dans le fond, qui est entière-ment blanc.

Dans l'angle haut de la droite, le nom abrégé du maître tel que nous le rapportons n° 28.

Hauteur : 2 po. 9 l. Largeur : 2 po. 7 l.

8. *Les Musiciens champêtres.*

Vieillard au bonnet haut, à retroussis, orné d'une plume de coq, assis les jambes croisées sur un banc de gazon, au pied d'un chêne, à droite. Il joue de la musette, accompagné par un jeune enfant qui joue du hautbois. Derrière cet enfant, au fond de la gauche, un gueux, debout, paraît prendre plaisir à ce concert. Pièce dans le goût de Callot, et dont le fond est blanc.

Sur la terrasse, à gauche : *I. Dassonneuille fecit.*

Hauteur : 2 po. 11 l. Largeur : 1 po. 7 l.

9. *Les Gueux demandant l'aumône.*

Pendant du morceau précédent. Vieillard barbu, la tête couverte d'un chapeau, et portant besace, venu de la gauche, où, dans le lointain, se voit une église, et paraissant vouloir se fixer au point milieu de l'estampe. Son épaule gauche est posée sur une grande béquille, et il s'appuie de la main droite sur une petite. Il tient une sébile et demande l'aumône, ce que fait aussi un jeune garçon tendant son chapeau, qui se voit à droite. Dans le fond est une espèce de naine, les mains passées sous son tablier. Le fond est blanc.

Au haut de la gauche : *Dassonneuille f.*

Hauteur : 3 po. Largeur : 1 po. 11 l.

10. *Les deux Gueux au bord du chemin.*

Sur le premier plan, en deçà d'un escarpement, qui se voit à droite, et qu'avoisine un gros arbre, deux gueux, portant besace, se voient au bord d'un chemin, l'un assis et paraissant se gratter, l'autre debout et buvant.

Sur la terrasse, au bas de la droite : *dassonneuille f.*

Hauteur : 3 p. 2 l. Largeur : 2 po.

11. *L'Homme à la ratière.*

Sur le premier degré d'une espéce d'escalier, qui se voit au bas de la gauche, une femme assise regarde une ratière que lui montre un homme assis en face d'elle, à droite, sur un fond de tonneau ayant dossier. A côté de cette femme, sur le second plan, un vieillard, assis devant une sellette garnie d'un pot, lit la gazette, lecture qu'écoute attentivement un homme à chapeau pointu, étant à côté de lui, et vu de face. Au delà de ces deux hommes, un troisième, le bras passé sur le cou d'une femme, lui présente un miroir dans lequel elle se regarde. Derrière la femme assise se voit un jeune enfant, qui, à l'apparition d'un masque venu de la gauche, se jette effrayé sur elle.

Sur le parement de l'escalier : *Jacque dassonneuille fecit et in.*

Hauteur : 2 po. 11 l. Largeur : 2 po. 9 l.

12. *Le Concert au chat.*

Pendant du morceau précédent. Huit personnages prennent part à ce concert rustique. Trois jouent, l'un de la musette, un autre du hautbois, et un troisième du violon, tandis qu'un quatrième fait sa partie, en tirant la queue d'un chat qui miaule, placé sur lui, au bas de la droite, et que d'autres chantent, rient et boivent. Pièce sans marque.

Hauteur : 3 po. Largeur : 2 po. 9 l.

13. *L'Homme buvant à même une cruche.*

En avant d'une cloison qui se voit au fond de la gauche, et derrière laquelle on aperçoit une femme qui allaite son nourrisson, un homme, assis sur une sellette, et tourné à droite, porte, de ses deux mains, une cruche à ses lèvres, ce que regarde un fumeur assis en face de lui; deux enfans, l'un agenouillé, l'autre assis sur le devant, s'amusent. Au fond, vers le milieu, se voient une femme assise et un homme debout. Pièce sans marque.

Hauteur : 3 po. Largeur : 2 po. 10 l.

14. *Le Fumeur assis.*

Intérieur d'estaminet, où se voit, sur le premier plan, un homme aux vêtemens rapiécetés, coiffé d'un bonnet orné d'une plume, et portant, à son côté, un couteau dans sa gaîne; il est assis, et fume sur une escabelle, en face d'un tonneau placé au bas de la gauche, tenant sa pipe d'une main, et de l'autre un pot. Dans le fond, à gauche, un autre homme, assis, mange une gaufre, et du côté opposé, un jeune enfant semble boire.

Dans la marge, à gauche : *I. Dassonneuille. in et. f.*

Hauteur : 3 po. Largeur : 2 p. 5 l.

15. *Les trois Gueux marchant de compagnie.*

Homme nu-tête, s'appuyant d'une main, sur sa béquille, et de l'autre sur l'épaule de sa femme, qui fume, placée devant lui, au bas de la droite, et ayant à son côté leur jeune garçon, qui paraît demander l'aumône; tous trois semblent descendre à droite. Pièce sans marque.

Hauteur : 3 po. 4 l. Largeur : 2 po. 9 l.

16. *Les trois Gueux au cabaret.*

Pendant du morceau qui précède. Ici, une femme assise, à droite, chante le verre à la main, en tenant des deux mains un papier; elle est en face d'un tonneau debout, supportant quelques ustensiles, qui se voit au bas de la gauche. Un homme, riant, est au fond, du côté opposé, et au delà du tonneau, se voit un jeune garçon, qui paraît chanter aussi.

Dans la marge, à gauche : *I. Dassonneuille f.*

Hauteur : 3 po. 3 l. Largeur : 2 po. 8 l.

17. *La Famille heureuse.*

Vieille femme portant lunettes, assise à gauche, et lisant; en face, son mari, tête nue et chauve, est pareillement assis et regarde dans une cruche qu'il tient des deux mains. Entre eux, se voit, agenouillé, au milieu de l'estampe, un jeune garçon qui tend une souricière. A droite, un marmot se réfugie, effrayé, auprès du vieillard, à l'approche d'un masque faisant les cornes d'une main, et tenant de l'autre une tête de pantin. Dans le milieu du fond, une jeune fille, assise, lave du linge sur une sellette, à laquelle un jeune homme, une main passée autour de son cou, présente, de l'autre, un miroir, où elle se regarde. Un huitième personnage anime cette scène, et se voit debout, au fond de la gauche. Pièce sans marque, dans un encadrement riche.

Hauteur : 3 po. 9 l. Largeur : 2 po. 10 l., non compris la bordure, qui porte 2 l.

18. *La Famille auprès du feu.*

Homme, vu presque de face, assis à gauche, et regardant à droite. Il tient, d'une main, un pot, et, de l'autre, un jeune enfant entre ses jambes. Un autre enfant est assis au coin du feu, et regarde sa mère, assise à droite, et qui chante.

Dans la marge, à gauche : *Iac. dassonūille f.*

Hauteur : 3 po., non compris 2 l. de marge. Largeur : 2 po. 9 l.

On connaît deux états de cette planche :
I. Avant l'adresse de Martin Vanden Enden.
II. Dans la marge, à droite, on lit : *Martinus Vanden Enden excud.*

19. *La Pipe allumée.*

Homme nu-tête, assis au milieu de l'estampe, tourné à gauche, et allumant sa pipe avec un tison. Six autres personnages animent cette scène, qui se passe près d'une cheminée, qui se voit à gauche. Pièce sans marque.

Hauteur : 3 po. 8 l. ? Largeur : 3 p. 3 l. ?

20. *L'Opérateur.*

Vieille femme assise à gauche et tournée à droite, à laquelle un chirurgien de village fait une opération dans la bouche, tandis qu'un homme, genou à terre, au bas de la gauche, et qui paraît s'être introduit là furtivement, tire à lui la bourse de la vieille qu'il s'apprête à couper avec les ciseaux dont il est armé. Quatre autres personnages se voient auprès d'une cheminée, au fond de la droite.

Dans la marge, à gauche, en écriture cursive, à rebours : *Jacques da Sonneuille Jn et fe.*

Hauteur : 3 p. 11 l. Largeur : 3 po. 6 l.

21. *La Pipe offerte.*

En avant d'une cheminée qui se voit au fond de la droite, un homme, riant et debout, semble mettre une pipe à la bouche d'un autre homme, au bonnet garni de fourrure, assis en avant, au milieu de l'estampe, sur un tonneau tronqué à dossier, une main sur sa poitrine, et tenant de l'autre un pot à bière. Une femme se voit dans le fond, à gauche, coupant du pain à deux garçons nu-tête, attablés devant elle. Deux hommes et un enfant se voient sous le manteau d'une cheminée, au fond de la droite. Pièce dans le goût du n° 14.

Au bas de la gauche : *J. Dassonneuille. in. fecit.*

Hauteur : 4 po. 10 l. Largeur : 4 po. 1 l.

22. *Les cinq Gueux à la campagne.*

Sur le devant d'un site agreste et montueux, qu'orne un arbre tronqué par le bord supérieur de la planche, se voit une compagnie de cinq gueux, dont un est debout, au milieu de l'estampe, regardant de face et tenant une cruche; il s'appuie, courbé en avant, sur une béquille et un bâton. Les quatre autres, plus loin, à gauche, sont assis et fument ou chantent. Pièce dans le goût du n° 10.

Au bas de la droite, sur la terrasse : *dasson-neuille in f.*

Même dimension.

23. *La Santé portée.*

Vieillard assis au milieu de l'estampe, vu de trois quarts, et tourné à gauche, tenant, d'une main, une cruche ébréchée, et, de l'autre élevée, un verre à moitié plein, avec lequel il paraît porter une santé. Cinq personnes, dont deux enfans qui chantent, l'environnent. Trois autres figures se voient, deux sous le manteau d'une cheminée, au fond de la droite, et une à une fenêtre, au fond du côté opposé.

Dans la marge, à gauche : *J. Dassonneuille. in. fecit.*

Hauteur : 6 po. Largeur : 5 po. 2 l.

PIÈCES EN LARGEUR.

—

24. *La Fricasseuse.*

Femme assise, au milieu de l'estampe, tournée à gauche, et regardant deux enfans qui sont debout, à droite. Elle fait frire des friandises dans une poêle placée sur un réchaud, à gauche, où est un jeune enfant. A côté d'elle, un vieillard, assis, tient une cruche, et, plus loin, sous le manteau d'une cheminée, se voient deux hommes, l'un assis, l'autre debout. Pièce sans marque.

Largeur : 3 po. 3 l. Hauteur : 2 po. 10 l.

25. *Vieillard lisant la Gazette.*

Vieillard au chapeau pointu, assis sur une estrade, au milieu de l'estampe, vu de trois quarts
et tourné à gauche, lisant une gazette qu'il tient des
deux mains. Neuf autres personnes, hommes, femmes et enfans, animent cette composition. Pièce sans
marque.

Même dimension.

26. *La Mère nourrice à l'estaminet.*

Femme assise de face, au milieu de la composition, donnant le sein à son jeune enfant, assis sur l'un
de ses genoux. Elle retourne la tête, et lève les yeux, à
droite, d'un air riant, vers un fumeur, debout, qui
lui lance une bordée de fumée. Un second enfant se
voit, au bas de la droite, et paraît faire des agaceries au premier. Un vieillard, assis au fond de la
gauche, sourit à cette scène.

Dans la marge, à gauche : *J. Dassonuille, in. f.*

Largeur : 3 po. 4 l. Hauteur : 3 po., y compris 3 l. de marge.

On connaît trois états de cette planche :
I. Avant l'indication ci-après.
II. Avec : *Page* 166, gravés à droite ; indication qui se rapporte à la pagination du 1er volume du Dictionnaire de Basan,
que cette estampe a orné à l'article de notre artiste.
III. Cette indication effacée. On reconnaît les épreuves de
cet état à l'absence des demi-teintes aux nuages formés par la
fumée de tabac.

27. *L'Épouilleuse,* 3e *composition.*

Vieille femme déguenillée, assise à droite, et

tournée à gauche. Elle épouille un jeune garçon,
placé devant elle, qui se gratte la poitrine, ce que
fait, de son côté, un autre gueux, qui se voit au
fond de la gauche. Pièce sans marque.

Largeur : 3 po. 5 l. Hauteur : 3 po. 1 l.

28. *La Grand'mère nourrice.*

Vieille femme, vue de face, assise au milieu de
l'estampe, ayant sur elle une petite fille à laquelle,
en riant, elle paraît vouloir offrir, au grand étonnement de l'enfant, son sein qu'elle cherche. Cette
scène se passe dans une chambre où l'on remarque
huit autres personnages, enfans et hommes faits ;
un neuvième met la tête à une fenêtre, au fond de
la gauche.

Dans la marge, à gauche : *J. Dassonuille, in, f*

Largeur : 3 po. 10 l. Hauteur : 3 po. 3 l., non compris 2 l.
de marge.

29. *Le Joueur de cistre.*

Pendant du morceau précédent. Homme nu-tête,
assis au milieu de l'estampe, vu de face, et regardant
en bas. Il chante en s'accompagnant du cistre. Une
cruche est près du billot qui lui sert de siége. Dans
le coin bas de la droite est un jeune garçon assis,
les yeux fixés à terre. A côté du chanteur, à gauche,
un groupe de quatre personnes, dont une femme,
le verre à la main, à laquelle un vieil homme fait
des caresses. Dans le fond, du même côté, en avant
d'une cheminée, deux buveurs, debout, conversent,

tandis qu'un autre personnage, assis non loin d'eux, derrière une cloison, semble prendre plaisir à ce qui se passe. Vers le milieu du fond, à l'entrée d'une chambre haute, sont deux enfans, l'un, debout, accompagnant du hautbois le chanteur, et l'autre assis.

Dans la marge, à gauche : *J. Dassonuille in f.* Même dimension.

30. *Le Bâtiment délabré.*

Le fond de l'estampe est occupé par un bâtiment dont il ne subsiste plus que le rez-de-chaussée et partie du plancher supérieur. Ce bâtiment s'étend de la gauche jusqu'aux trois quarts du fond. En avant, sur le premier plan, une femme, assise, tournée à droite, les yeux élevés vers la gauche, chante, en tenant un papier d'une main et une cruche de l'autre. Son mari, assis derrière elle, et leurs deux enfans, qui se voient près d'eux, paraissent lui prêter une oreille attentive, aussi bien qu'un jeune garçon, assis dans le fond de la gauche, en avant d'une femme qui écure un chaudron. Dans le milieu du fond, sous le manteau d'une cheminée, se voit un homme assis. Un homme, vu par le dos au pignon du bâtiment, dans le fond de la droite, urine dans un baquet, et quatre marmots polissonnent sur le plancher au dessus du bâtiment. Pièce sans marque.

Largeur : 4 po. 4 l.? Hauteur : 3 po. 8 l.?

31. *Les Caresses.*

Au milieu de ce morceau, un homme assis, tourné

à droite et regardant en l'air, tient un verre d'une main et une cruche de l'autre. Un jeune enfant s'empresse à son côté. Derrière cet homme s'en voit un autre pareillement assis, le regard fixé à terre et paraissant réfléchir. Un enfant accroupi est au fond de la droite. A gauche, un homme dort, et, plus loin, se voient un homme et une femme qui se caressent. Dans le fond, une vieille boit à même une cruche, en avant d'un fumeur debout.

Dans la marge, à gauche : *J. Dasson*.

Largeur : 4 po. 8 l. Hauteur : 3 po. 3 l.

32. *Les Nez bouchés*.

Vieille femme assise, à gauche, et tournée à droite, tenant un enfant accroupi, qui fait ses besoins vers la droite, tandis que son frère est pareillement accroupi, culotte bas, pour faire les siens, en face de lui, dans le coin de la gauche. Deux hommes, l'un assis, l'autre debout, qui se voient sur une espèce d'estrade, à droite, se bouchent le nez. Au fond de la gauche, près d'une cheminée, sont trois personnes dont deux s'embrassent. Pièce sans marque.

Même dimension.

33. *La Famille et le Berceau*.

Mère de famille entourée de trois enfans, dont le plus jeune se voit dans ses bras, et la tête. Elle est assise au milieu de la composition, tournée à droite, et riant aux agaceries d'un fumeur debout derrière elle. Une vieille, dont on ne voit que le buste, a mis la tête à une fenêtre dans le fond de la droite. Aux pieds de la mère, vers la gauche, est le berceau du nourrisson, et, au fond, de ce côté, s'aperçoivent quatre hommes, dont trois entourent une cheminée.

A la tranche d'un billot, qui se voit en avant du berceau, le monogramme du maître rapporté n° 29.

Largeur : 4 po. 10 l.? Hauteur : 3 po. 4 l.?

34. *Les deux Écots de Gueux.*

Sur le devant de cette estampe, douze gueux, hommes, femmes et enfans, les uns assis, les autres debout, sont divisés en deux écots : le premier, composé de neuf convives, se voit, à gauche, dans l'angle d'un bâtiment, en avant d'une cheminée; l'autre, de trois seulement, à droite.

Au ciel, vers le milieu : *Jacque*, couvert de travaux, et, sur le pignon du bâtiment, en écriture cursive, à rebours : *Jacque da Sonneuille jnuentor et fecit* 1656 (le dernier 6 retourné).

Largeur : 5 po. 2 l. Hauteur : 3 po. 11 l.

35 A 37. VIGNETTES

Pour le premier volume de l'ouvrage in-folio, intitulé : Metropolis Remensis Historia, *par D. Marlot.* Insulis ex officinâ Nicolai de Rache, **MDCLXVI**.

Nota. Le second volume ne fut imprimé qu'après la mort de l'auteur, à Reims, chez Protais Lelorrain, 1679.

I.

Pour le chap. xxii, p. 81.

35. Au milieu de cette estampe se voit un autel, surmonté d'une croix, où un pontife, la main droite posée sur un livre, et tenant de l'autre une crosse, regarde l'archevêque de Reims, mitre en tête, assis à gauche, ayant, à côté de lui, son porte-croix agenouillé. Un évêque, mitré et crossé, est dans le fond, à droite ; trois moines crossés se voient ensuite, ainsi que deux abbesses, dont une est pareillement crossée. Au bas de la représentation se voient douze écussons, formant une espèce de voûte, à la clef de laquelle sont superposés les écussons de Reims et de Cambray ; dans l'arc, à gauche, les écussons de Soissons, Beauvais, Noyon, Tournay, Senlis, et, dans celui à droite, ceux de Laon, Châlons, Amiens, Terouane et Arras.

Dans la marge, à gauche : *J. Dassonneuille f.*
Largeur : 6 po. 7 l. Hauteur : 6 po. 2 l.

II.

Pour le chap. xxviii, p. 101.

36. Ce morceau offre la représentation de la face d'un cénotaphe, adossé à une muraille, et supporté

par trois colonnes. Il est orné d'un bas-relief antique, représentant une chasse qu'animent onze personnages. Celui du milieu est armé de la lance, et
combat un lion, qui est à droite. Un cerf, un sanglier et une chèvre sont à terre, entre les jambes
des personnages. Ce bas-relief a beaucoup d'ana-
logie avec celui que possède le musée des antiques,
et qui porte le n° 423.

Dans la marge, à gauche : *J. Dassonneuille
fecit.*

Hauteur : 6 po. 10 l., y compris 3 l. de marge. Largeur :
6 po. 6 l.

III.

Pour le chap. xxxiii, p. 115, où cette vignette se voit après
ces mots : *Cy est le lieu, et la place, où que monsieur S. Ni-
caise jadis archevesque de Reims et madame saincte Eutorpe
sa sœur furent inhumés, après que furent martyr pour la loi
Chrestienne.*

37. Copie d'un autre bas-relief supporté par deux
colonnes. Il représente, au milieu, Notre Seigneur
entre un agneau et une biche, remettant une tablette
à saint Pierre, portant une petite croix, et sortant de
la porte d'une église qui se voit à droite. Sept autres personnes se voient, d'ailleurs, aux deux côtés
du Christ.

Dans la marge, à gauche : *J. Dassonneuille
fecit.*

Largeur : 6 po. 7 l. Hauteur : 5 po. 3 l.

TABLE

DES ESTAMPES GRAVÉES PAR DASSONVILLE.

B. DUBOIS.

Aucun auteur ne nous a transmis de notice sur B. Dubois ou Du Bois, qui, peut-être, était l'architecte auquel on a dû l'ancien séminaire de Saint-Sulpice, commencé en 1647, car il ne pouvait être ni Eustache ou Ambroise Dubois d'Anvers, ni Jean, son fils, qui peignirent en France dans le seizième siècle, et moururent bien avant l'année où nous supposons que naquit notre artiste.

Le seul qui en parle est M. Regnault-Delalande, dans le Catalogue du comte Rigal, et uniquement pour le ranger parmi les artistes de l'école française, à laquelle nous croyons qu'il appartient en effet.

Il paraît qu'il fut paysagiste et qu'il naquit vers 1620; du moins, parmi les estampes que nous devons à sa pointe, et qui toutes représentent des paysages, aucune ne porte de date autre que celle de 1648.

Contemporain de Claude le Lorrain, il paraît l'avoir pris pour modèle. Il mania la pointe d'une main leste et très exercée, et sut, avec un rare bonheur, lui faire rendre les effets qu'il traça au crayon et au pinceau, car il ne fut pas seulement dessinateur, il peignit aussi ; c'est lui qui nous l'enseigne dans le n° 5 de son œuvre.

M. le comte Rigal possédait cinq pièces de ce maître; nos recherches n'ont pu nous en faire connaître que le même nombre, mais Dubois en a fait au moins sept; car, de même que dans celles que possédait cet amateur, il y en a deux que nous n'avons jamais vues, de même aussi M. Rigal a ignoré l'existence de deux de celles dont nous allons offrir la description.

OEUVRE

DE

B. DUBOIS.

1. *La Barque à la voile.*

Rivière venant du fond de la droite, où l'on voit
une ville, ayant château, et coulant, dans le bas de
la gauche, au pied d'une montagne, que couronnent des bâtimens ; une barque à la voile remonte la
rivière, et, à la droite, en deçà de l'eau, est une
prairie animée par deux hommes et des bœufs.
Pièce qui rappelle le *faire* de Van Acken dans plusieurs de ses estampes.

Dans la marge, à gauche : *B. Du bois in.*

Largeur : 3 po. 9 l. Hauteur : 2 po. 11 l.

2. *La Bergère debout.*

Au bord d'un chemin qui débouche à droite, un
homme assis à gauche, et tourné du côté opposé,
au pied d'un bouquet d'arbres qui orne le milieu de
l'estampe, parle à une bergère gardant son troupeau, la quenouille au côté, et debout devant lui ;
à droite, site escarpé, couronné d'arbres ; du côté
opposé, une rivière, garnie de roseaux et de plantes
au large feuillage, coule en avant d'une enceinte
fortifiée où se voit une grosse tour.

Dans le milieu de la marge : *B. Dubois jn. et fecit.*

Largeur : 5 po. 2 l. Hauteur : 3 p. 10 l.

3. *L'Ouragan.*

La droite de ce morceau est ornée d'un chêne et d'un hêtre parfaitement exprimés , dont les branchages garnissent le haut de l'estampe aux trois quarts de sa largeur. Cette plantation existe sur un terrain escarpé, au pied duquel coule une rivière , tombant en cascade, au milieu du bas, et fuyant à gauche. Surpris par l'orage, qui agite violemment le pays, trois hommes, pressant des bœufs, passent un pont de pierre étant à droite. Sur la rive opposée, on aperçoit un grand arbre, dont la cime se perd dans celles des deux de l'autre rive. Au fond de la gauche, sur un site escarpé, se voit, en perspective, un monument d'une riche architecture , vers lequel se dirige un cavalier au galop.

Au bas, dans le coin gauche, sur une pierre, le nom du maître tel que nous le rapportons n° 3o.

Même dimension.

4. *La Bergère assise.*

Sur une butte, au milieu de la composition, bergère assise, vue par le dos, tenant sa quenouille d'une main, et levant l'autre pour montrer quelque chose à un homme assis près d'elle, et vu de même. A droite, sur le premier plan, un troupeau de bœufs; plus loin, site montueux, au pied duquel coule une rivière, et que couronne un bois, à travers lequel on aperçoit les ruines d'un monument d'une belle architecture. Au milieu du fond, au delà de murs fortifiés, une montagne. Au bas de la gauche, un groupe d'arbres.

A droite, sur des rochers : *B. Dubois jnu. et fe.*

Largeur : 6 po. 6 l. Hauteur : 4 po. 3 l.

5. *Alexandre et Diogène.*

Cette estampe offre, sur le premier plan, le sujet d'Alexandre visitant Diogène. Le philosophe est assis à terre, en avant de son tonneau, faisant un geste au roi, debout devant lui, entouré de sa suite. Un rayon solaire, venant de la droite, éclaire davantage cette scène, qui se passe tout près des ruines d'un monument décoré de statues, régnant du fond de la gauche jusqu'auprès du bord droit de la planche.

Au bas de la droite, sur une pierre : *B. Dubois jnve. pinxit et excudit* 1648.

Largeur : 6 po. 6 l. Hauteur : 4 po. 7 l.

6. *Tobie et l'Ange.*

Nous n'avons point vu cette pièce, que M. Regnault-Delalande n'a pas décrite autrement.

TABLE

DES ESTAMPES GRAVÉES PAR B. DUBOIS.

———

V. PLASSARD.

Voici encore un artiste français du dix-septième siècle, qui vit fleurir tant et de si habiles génies. Comme aucun biographe n'en a parlé, nous sommes réduits à nos propres conjectures. La seule pièce qu'on connaisse de lui, et qui est datée de 1650, laisse supposer qu'il vint au monde vers 1620. Sa pointe ressemble à celle de Rabel le fils, dans le paysage, ce qui n'est pas beaucoup dire, mais, dans la figure humaine, Plassard s'est évidemment inspiré de Louis ou d'Annibal Carrache.

Sainte Famille.

La Vierge est assise de face, au milieu de l'estampe, en avant des restes d'un monument, dont une colonne cannelée, avec son soubassement, occupe la droite, et d'un gros arbre, étant à gauche, entre lesquels pend une draperie. Ses yeux baissés se portent sur son divin fils, assis sur elle, à côté d'une corbeille de fruits, posée à droite, et qu'il regarde. Au bas de la gauche se voit une aiguière. Le fond, de ce côté, offre une rivière qui baigne une montagne, à laquelle est adossée une ville, et un site escarpé couronné d'arbres.

Dans la marge, à gauche, on lit : *V. Plassard in et fe* 1650, comme nous le rapportons n° 31.

Hauteur : 5 p. 9 l. Largeur : 5 po.

JACQUES COURTOIS,

DIT LE BOURGUIGNON.

JACQUES COURTOIS, qui, en Italie, reçut le surnom
de Bourguignon, sous lequel nous le connaissons
pareillement en France, naquit à Saint-Hippolyte,
département du Doubs, en 1621, et mourut à Rome,
en 1676, chez les jésuites, dont il avait pris l'habit
vers la fin de ses jours, ce qui fit que les Italiens
l'appelèrent, depuis lors, *il Padre Giacomo Cortese*.

Il dut les premiers élémens de l'art à Jean Courtois, son père, qui était peintre dans sa ville natale ;
mais, dès l'âge de quinze ans, il vit l'Italie, et se
perfectionna ensuite sous le Guide et l'Albane. Plus
tard, la vue de la bataille de Constantin, peinte par
Jules Romain, dans le Vatican, et les encourage-
mens de Michel-Ange Cerquozzi dit *delle Bata-
glie*, lui firent abandonner le genre historique, pour
s'adonner presque exclusivement à celui des batailles, par où il avait débuté dans ses jeunes années, et dans lequel il excella dans la force de l'âge.

Nous devons à sa pointe énergique et pleine de

feu seize estampes dans ce dernier genre, que, d'a-
près sa manière expéditive de peindre, il a, pour la
plupart, sans nul doute, gravées sans dessin ni
décalque, préparations peu d'accord avec la fougue
de son talent. Elles sont d'une rareté extrême.

OEUVRE

DE

JACQUES COURTOIS, DIT LE BOURGUIGNON.

SCÈNES MILITAIRES.

1 A 8. SUITE DE **8** PIÈCES NUMÉROTÉES AU HAUT DE LA GAUCHE.

Largeur : 5 po. 11 l. à 6 po. 2 l. Hauteur : 4 po. 2 l. à 4 p. 4 l.

On connaît deux états de ces planches :
I. Avant les numéros et le nom du maître.
II. Avec les numéros et le nom de l'artiste.

1. *Le Départ des troupes.*

(1) Tout le devant de l'estampe offre un site montueux, au delà duquel on n'aperçoit que le ciel et un nuage de poussière. Au milieu, deux trompettes sonnent la marche qu'un chef, vu par le dos, à gauche, semble commander à un corps de cavalerie venant du fond, de ce côté, tandis qu'un corps d'infanterie, armé de piques et venant de la droite, descend déjà dans la vallée présumée exister au delà du premier plan.

A gauche, sur la terrasse : *G Cortese f*, c'est à dire *Jacques Courtois fecit.*

2. *Le Champ de bataille.*

(2) Groupe de trois cavaliers, conversant à droite, sur le premier plan. En avant, au milieu de l'estampe, un des leurs parle à un chef venant vers lui de la gauche. De ce côté, sur le devant et au fond, des hommes et des chevaux morts et des débris jonchent un champ de bataille où des fantassins enlèvent les morts. Dans le fond de la gauche, des troupes semblent battre en retraite dans une large vallée bordée de hautes montagnes.

Dans le coin bas de la droite : *G. Cortese f.*

3. *La Charge commandée.*

(3) Au milieu de l'estampe, un chef de corps, monté sur un cheval au galop, se dirige à droite. Il a l'épée à la main, et se retourne, à gauche, vers une colonne de cavaliers au galop, dont la tête débouche en cet endroit. A la droite, un trompette, paraissant celui de la colonne, sonne la charge derrière un gros de cavalerie, déjà lancé dans la vallée, au milieu du fond.

Au milieu du bas : *G. Cortese f.*

4. *Les Morts relevés.*

(4) A la gauche de ce morceau, un chef de corps de lanciers, suivi de quelques hommes, s'arrête devant un moribond, que deux militaires, qui le portent, lui présentent. Derrière lui, deux autres chefs semblent ordonner d'enlever les morts et les blessés,

en se dirigeant à droite, où l'on voit, dans le lointain, un chariot d'ambulance au pied d'une montagne, que couronne une forteresse, dirigé vers le fond de la gauche, où se voient des débris et des fuyards.

Au bas, à droite : *G. Cortese f.*

5. *Le Chef blessé à mort.*

(5) Combat de cavalerie, où l'on voit un chef de corps, au milieu de l'estampe, qui, la tête nue et la main encore armée du glaive, tombe à la renverse, blessé, sans doute, mortellement. Son cheval se cabre, effrayé du coup, ou peut-être blessé lui-même. Deux hommes morts gisent à terre, l'un, à droite, l'autre, à gauche ; un troisième vient de tomber, presqu'au milieu, sur le premier plan.

Dans le coin bas de la droite : *G. Cortese f.*

6. *La Mêlée.*

(6) Vers le milieu de ce morceau, cinq cavaliers se battent, tandis que d'autres fuient, à gauche. Sur le premier plan, de ce côté, un cheval est tombé sur son cavalier.

Dans le bas de la droite, les initiales **G. C.**, rapportées n° 32; et, au dessous : *G. Cortese f.*

7. *Choc de cavalerie.*

(7) Ligne de cavalerie régnant, du fond de la gauche, jusque vers le milieu de l'estampe, parant au choc d'un corps ennemi venant sur son front du

milieu et de la droite, et qui court vers ce dernier côté. Des hommes et des chevaux, morts ou mourans, se voient, avec des débris, sur le premier plan.

Au bas de la droite : *G. Cortese f.*

8. *La Marche vers le champ de bataille.*

(8) D'un plateau élevé, régnant sur toute la largeur de ce morceau, un corps de cavalerie, venant de la droite, se dirige, avec ses guides et ses trompettes, vers le fond de la gauche, dans une vaste plaine où une bataille s'est donnée.

Dans le bas de la gauche : *G. Cortese f.*

COMBATS ET BATAILLES.

—

9. *Le Combat au pied de la tour.*

A la droite de l'estampe est une forteresse, dont on n'aperçoit que partie d'une tour. En avant de cette tour, un soldat, vu par le dos et nu-tête, court vers elle, en cherchant à éviter le coup de feu que le dernier des cavaliers, courant dans le fond de la droite, semble lui tirer. Sur le premier plan, du même côté, un cavalier démonté, enjambant un corps mort, semble vouloir emmener le cheval tombé d'un autre cavalier, gisant au milieu du devant. Dans le bas de la gauche coule une rivière, qui paraît séparer le lieu de la scène d'avec une colline existant dans le fond, où se voient des cavaliers en déroute.

Sur la terrasse, à gauche, les initiales **I. C**, rapportées n° 33.

Largeur : 12 po. Hauteur : 7 po. 7 l.

10. *Les Blessés secourus.*

Le côté droit de ce morceau est occupé par un état-major, environné d'un porte-guidon et d'un trompette. Pendant qu'un chef, au manteau riche, fait administrer des secours à des blessés, à droite, un autre chef, armé d'un bâton de commandement, étant au milieu, parle à un chirurgien debout devant lui, qui soulève le bras d'un homme nu, qui se voit étendu, au bas de l'estampe, entre deux chevaux morts. La gauche est occupée par un champ de bataille, jonché de morts, que traversent des cavaliers lancés au galop, paraissant se diriger vers une forteresse qu'on aperçoit dans le lointain. Pièce sans marque.

Largeur : 12 po. 2 l. Hauteur : 7 po 11 l.

11. *La Bataille au pied de la montagne.*

Deux corps d'armées, l'un à droite, l'autre débouchant de la gauche, au pied d'une montagne couronnée par des bâtimens, en viennent aux mains, au milieu de l'estampe, où l'on voit l'un des chefs du corps, venu de la gauche, tombé mort de son cheval, abattu à ses pieds. Quatre soldats, dont trois sont morts, l'environnent. Pièce sans marque, qui parait être la première pensée du combat de Steen-berg, décrit sous le n° 14.

Largeur : 12 po. 3 l. Hauteur : 7 po. 11 l.

12. *Combat de Chrétiens et de Turcs.*

Des Chrétiens, venus de la gauche, poursuivent avec vigueur des Turcs, qu'ils mettent en déroute, et qui fuient, à droite. Le fond de ce morceau offre de hautes montagnes, dont une est couronnée par une forteresse. Pièce sans marque.

Largeur : 12 p. 4 l. Hauteur : 8 po.

—

15 A 16. — **QUATRE ESTAMPES POUR LA GUERRE DE BELGIQUE,** *de Strada, dont elles ornent le deuxième volume. Cet ou-vrage, en 2. vol. in-folio, a eu deux éditions ; la première ayant pour titre :* Fabiani Stradae de Bello Belgico decades duae; Romæ, 1640. Sumpt. Hermanni Scheus, ex typo-graphia Vitalis Mascardi, *et l'autre :* Famiani Stradae Ro-mani e Societate Iesu de Bello Belgico, etc. Romæ, ex typographia Hæredum Francisci Corbelletti, 1647.

Ces pièces portent les n°ˢ 168, 193, 367 et 477, au haut de la droite, qui se rapportent à la pagination du 2ᵉ volume des deux éditions.

Une large banderole se voit au haut de chacune, contenant l'explication, en latin, des sujets qu'elle représente, marqués par des lettres.

Largeur : 14 po. 8 l. à 15 po. 6 l. Hauteur : 10 po. 8 à 10 l.

ı68.

13. *Prise de la ville d'Oudenarde, en 1587.*

Partie de cette ville est représentée, à vol d'oiseau,

dans le fond de la gauche, attaquée par plusieurs
colonnes de troupes. Le prince de Parme, vers lequel accourt Mansfield, se voit assis au bas du même
côté. Le duc d'Alençon, entouré de son état-major,
est au bas de la droite. Pièce sans marque.

193.

14. *Combat de Steenberg, en* 1583.

Cette ville se voit de même au haut de la gauche;
un lac, au bord duquel sont deux maisons, est au
milieu du fond, et, sur le premier plan, au milieu
de l'estampe, se livre le combat décrit sous le n° 11.
Ici, à ce combat, le prince de Parme accourt du
fond de la droite.

Dans le coin bas de la droite, le nom du maître
tel que nous le rapportons n° 34.

367.

15. *Prise de la ville de l'Écluse, en* 1588.

Cette ville est dans le fond de la gauche, en face
de l'île de Catsand. Une barque à voile, conduite
par des rameurs, précédée d'un bateau que montent
des hommes de guerre, arrivant de Flessingue, se
voit au bas, du même côté, non loin d'un pont de
bateaux jeté sur un canal. Au bas de la droite sont
des pionniers remplissant et faisant transporter des
sacs de terre.

Dans le coin bas de la droite : *Iaccomo Cortese
fecit et inuenit.*

477.

16. *Prise de Berck (Berca) sur le Rhin, en* 1589.

Le camp des assiégeans est, au bas de la droite, protégé par deux forts, qui se voient, entre ce camp et la ville, qui est au haut du même côté. Marc de Rie (*Varambonij Marchio*..., etc.) se voit, à cheval, au milieu de l'estampe. Piéce sans marque, qui est assez dans la manière du Bourguignon, mais qu'on serait tenté d'attribuer à Michel-Ange des Batailles même, tant elle rappelle la force de son coloris.

TABLE

DES ESTAMPES GRAVÉES PAR JACQUES COURTOIS,
DIT LE BOURGUIGNON.

GUILLAUME COURTOIS.

Cet artiste naquit aussi à Saint-Hippolyte, mais six ou sept ans après son frère Jacques, c'est à dire vers 1628.

Il est probable que, comme celui-ci, il puisa les premières notions de l'art dans la maison paternelle; mais il la quitta de bonne heure pour aller à Rome, où il devint disciple de Pietre de Cortone. Ses progrès furent tels que Carle Maratte n'hésita pas, nous dit l'histoire, à préférer les ouvrages de notre artiste à ceux du Cortone même. Plusieurs églises de Rome sont ornées de ses tableaux, et il a souvent aidé le Bourguignon dans ses grands travaux. Il mourut à Rome en 1679.

Nous devons à sa pointe, moins fière que celle de son frère Jacques, les trois pièces dont nous allons présenter la description. La première est la seule qui porte son nom, mais les autres ont un caractère d'authenticité non moins certain; il résulte du Catalogue du fonds de Rossi, marchand d'estampes à Rome, édition de 1700, qui les signala au monde artistique.

MM. Huber et Rost citent encore, comme étant de Guillaume Courtois, 1° une *Vierge dans sa gloire*, que nous n'avons jamais pu découvrir;

2° une *Adoration des Rois*; mais, aux autres indications qu'ils en donnent, on voit que cette pièce n'est autre que celle gravée au burin par Étienne Picart surnommé le Romain ; 3° *Jésus guérissant les Malades*, d'après le Tintoret. Nous sommes convaincus de la non-existence de cette pièce, qu'il est plus que probable que ces auteurs auront confondue avec notre n° 3, que M. Bénard a aussi qualifié de *Jésus guérissant les Malades*, au lieu de *la Résurrection du Lazare*.

Au surplus, toutes les estampes de ce maître sont d'une extrême rareté.

OEUVRE

DE

GUILLAUME COURTOIS.

1. *La Peste ou l'ensevelissement des Morts.*

Sur une place publique, en avant de bâtimens somptueux, à la clarté de la lune, dans une de ses quadratures, deux hommes portent, à droite, sur un linceul, et les pieds en avant, l'une des victimes du fléau. Un jeune homme, tenant une torche allumée, précède les porteurs.

Dans la marge, au milieu, ces paroles d'Ézéchiel : *Heu ad omnes… peste ruituri sunt ;* et, à droite : *Guil.*^{mo} *Cortese pinxit et sculp.*, suivis de : *Arnoldus van W. formis ;* c'est à dire : *Arnould van Westerhout.*

Pièce carrée, de 11 pouces.

2. *La Présentation au Temple.*

Le Grand-Prêtre est vu de face, au milieu de l'estampe, à côté d'un autel, qui est à gauche. La Vierge, agenouillée à ses pieds, lui présente le nouveau-né. Saint Joseph, incliné, est à la droite de la Vierge, suivie d'une sainte femme, qui porte les deux colombes de l'offrande.

Sur les pavés du temple, à gauche : *Pauolo Caliari Veronese Jnuentore;* et, à droite : *Gio Jacomo de Rossi formis Romæ alla Pace* (1).

Largeur : 20 p. 4 l. Hauteur : 10 p.

3. *La Résurrection du Lazare.*

Le Christ est debout, au bas de la droite, vu de profil, et regardant, à gauche, où se voit, dans le milieu du fond, Lazare, sorti du tombeau, qui, la tête penchée vers le Christ, lève le bras droit, et entr'ouvre les yeux, signes du miracle opéré.

Entre lui et le Christ se voit, posé sur son séant et adossé à une muraille, un homme nu et malade, pour lequel une femme assise, au bas du milieu, semble implorer le Seigneur. Seize autres personnages, dont une femme, agenouillée, dans le bas de la gauche, et les autres, debout dans le fond, animent cette scène. Pièce dans le goût de Meldolla.

Sur la terrasse, à gauche : *Jacobus Tintorettus Inuentor;* et, vers le milieu : *Gio Jaccomo Rossi formis Rome alla Pace* (2).

Planche dont le coin bas est tronqué.

Largeur : 14 po. Hauteur : 12 po.

---

(1) Le Catalogue de Rossi désigne ainsi cette pièce, p. 52 :
Paolo Cagliari Veronese.
Cristo presentato al Tempio, intaglio in acqua forte di Guglielmo Cortese. PRIX : 15 BAÏOQUES = 82 c.

(2) Le Catalogue de Rossi désigne ainsi cette pièce, p. 66 :
Cristo, che resuscita Lazaro, invenzione del Tintoretto, intaglio in acqua forte di Guglielmo Cortese Borgognone, folio reale per traverso. PRIX : 10 BAÏOQUES = 55 c.

PIÈCE DOUTEUSE.

—

La Vierge et l'Enfant Jésus.

(D'après l'un des Carraches.)

La Vierge est assise sur des nuées, ayant sur ses genoux l'enfant Jésus, qui tient, de la main *droite,* le voile qui sert de coiffure à sa mère. Pièce sans marque.

Hauteur : 5 p. 5 l. ? Largeur : 4 p. 5 l.

M. Bartsch décrit une pièce semblable, mais, en contre-partie de la nôtre, comme pièce unique de l'œuvre de François Carrache.

JEAN-BAPTISTE COURTOIS.

Les auteurs qui parlent de cet autre fils de Jean Courtois se bornent à dire qu'il fut peintre de talent, mais que, capucin à Rome, il ne peignit jamais que pour les maisons de son ordre. Ainsi, ils nous laissent ignorer l'époque de sa naissance, qui nous aurait fait connaître s'il était l'aîné ou le cadet de ses frères, et ne nous disent pas davantage à quel âge il cessa de vivre. Ses prénoms, même, ils les ignoraient (1), et, si nous nous hasardons à lui attribuer ceux de Jean-Baptiste, qui figurent sur la seule estampe que nous devons à sa pointe, et qui se voit à la Bibliothèque royale, c'est en doutant qu'ils lui appartiennent en effet, car ils pouvaient n'être que ses noms en religion, qui, on le sait, différaient presque toujours de ceux qu'un *frère* avait portés dans le monde.

Le Peintre dans son atelier.

Un moine, ordre de Saint-François, qui pourrait bien être notre artiste lui-même, est assis, à

---

(1) Sauf MM. Huber et Rost, qui le baptisent aussi du nom de Guillaume, que nous ne pouvons admettre.

droite, devant son chevalet, garni d'une grande toile, sur laquelle il peint encore, dans une ovale, la tête du Christ d'après le Guide. Deux autres ovales sont à gauche. Dans le plus rapproché de celui dont nous venons de parler, se voit le buste de Moïse, tenant les tables de la loi, et, dans l'autre, les bustes d'Adam et d'Ève.

Au milieu, près du trait carré : *J. Bap. in.;* et, au dessous, un écusson aux armes de M. de Louvois, descendant dans la marge.

Hauteur : 8 po. 6 l., y compris 7 l. de marge. Largeur : 5 po. 6 l.

F.-I. DE LA MARE-RICHART.

Cet artiste, qui fut peintre et graveur, s'est signé tour à tour *F de La Mare*, *F. I. D L Mare*, *F. I. de la Mare*. Il paraît avoir été connu dans les arts sous les nom et surnom de *De La Mare-Richart;* c'est du moins ainsi qu'ils se voient tracés par les graveurs à qui nous devons la reproduction de ses compositions, et que les a d'ailleurs écrits Florent Le Comte.

Il naquit à Bayeux, département du Calvados, vers 1630, et mourut à Versailles en 1718.

On connaît de lui les estampes dont nous allons offrir la description. La première est rehaussée d'un pointillé qui rappelle assez les travaux au maillet de Lutma; la seconde est dans le goût de Morin, et les autres sont d'une pointe qui rappelle celle de Livens à tel point, qu'il n'est pas rare de rencontrer, dans les collections les mieux choisies, quelques unes de ces pièces parmi celles soi-disant non décrites de ce célèbre élève de Rembrandt.

Toutes ces estampes sont restées inconnues aux biographes de notre artiste. Le seul Basan le cite comme n'ayant gravé qu'un saint Jérôme d'après L. De La Hyre; pièce que nous n'avons jamais rencontrée.

OEUVRE

DE

DE LA MARE-RICHART.

SUJETS PIEUX.

1. *Ecce Homo.*

Buste de Notre Seigneur, vu de face aux trois quarts, les yeux levés au ciel et la tête ceinte de la couronne d'épines.

Au bas de la gauche : *F. de La Mare fec* 1650, comme nous le rapportons n° 35.

Hauteur : 10 po. 2 l. Largeur : 8 po. 1 l.

2. *Sainte Vierge.*

Elle est vue de face, tournée à gauche, les yeux élevés au ciel, les mains jointes sur sa poitrine et la tête entourée de rayons. Pièce dans une bordure ovale en hauteur.

Au bas de la droite de cet ovale, on lit : *F. I. DL MARE* inv. scvlp. 1655.

Hauteur : 12 po. 8 l. Largeur : 10 po. 8 l.

On connaît deux états de cette planche :

I. C'est celui décrit.

II. Le cartouche orné de deux guirlandes de fruits, qui se voyait au bas de l'ovale, et l'inscription rapportée, qui se lisait au bas de la droite de cet ovale, ont été supprimés. La planche est plus finie dans toutes ses parties. Sur l'appui de l'ovale, on lit, dans ce deuxième état : *F. I. de la Mare in et sculp.* 1655.

---

3 A 18. — TÊTES DE FANTAISIE.

(Dans le goût de Livens.)

SUITE DE 16 PIÈCES NON NUMÉROTÉES ET SANS MARQUES.

Hauteur : 3 po. 9 à 10 l. Largeur : 2 po. 8 à 11 l.

—

3. *Frontispice.*

(1) Deux génies, l'un assis, à droite, l'autre, debout, à gauche, tiennent un cartouche sur lequel on lit : **TESTES** *différentes* **DE LA MARE** *Excellent Peintre.*

Cette pièce n'est pas de notre artiste ; elle nous paraît être de la pointe de *P. Ferdinand.*

4.

(2) Vieillard barbu, vu de face, coiffé d'un turban, et regardant en face. Le fond est teinté.

5.

(3) Jeune homme, vu de trois quarts, tourné à gauche, où il regarde. Sa tête, ornée d'une longue chevelure qui descend sur ses épaules, est coiffée d'une toque ayant plumet. Le fond est clair, à l'exception de l'angle du haut, à droite.

6.

(4) Vieille vue de profil, tournée à droite, et regardant en bas. Sa tête est couverte d'une ample
draperie. Fond ombré, à l'exception du haut de la
gauche.

7.

(5) Vieillard souriant, nu-tête et barbu, tourné
à droite. Il est vu de trois quarts, appuyé sur le
poing fermé de sa main gauche; l'autre main est
passée sous sa robe garnie de fourrure. Fond entièrement ombré.

8.

(6) Vieille vue de face, penchée à droite, et dans
l'attitude de l'attention. Sa tête est coiffée d'une
pièce d'étoffe légère, retombant à gauche. Son buste
est enveloppé d'une pelisse ornée de fourrure. Fond
teinté.

9.

(7) Capucin chauve, vu de face, la tête baissée,
lisant dans un grand livre ouvert sur son genou.
Fond légèrement ombré.

10.

(8) Espèce de gueux, vu de trois quarts, tourné
à droite, et regardant au bas, de ce côté. Son menton est garni d'une barbe rare, et sa tête est couverte d'un chaperon. Fond légèrement teinté.

11.

(9) Vieillard en manteau, nu-tête et barbu, vu de profil, tourné à droite, et regardant en bas. Fond légèrement ombré.

12.

(10) Vieillard vu de face, et regardant à droite. Sa tête est nue, et sa barbe, frisée, descend jusqu'au bas de l'estampe. Fond ombré.

13.

(11) Espèce de militaire, vu à peu près de trois quarts, tourné à gauche, où il regarde attentivement. Sa tête est couverte d'une toque de fourrure, qu'orne une aigrette. Sur son manteau est passé le collier d'un ordre. Le fond est clair, à l'exception de quelques légères ombres pratiquées au bas de la droite, et à mi-hauteur de la gauche.

14.

(12) Vieillard nu-tête et barbu, vu à peu près de trois quarts, et tourné à droite, où il regarde; il porte une espèce de chape. Le fond du bas de la droite est clair ainsi que partie de la gauche.

15.

(13) Vieille femme, souriant, vue à peu près de trois quarts, tournée à gauche, où elle regarde. Sa chevelure est prise sous un bonnet d'étoffe en tor-

sade. Le fond est légèrement teinté, au bas de la gauche, et à droite.

16.

(14) Vieillard barbu, regardant de face, la bouche entr'ouverte. Sa tête est couverte d'un bonnet que ceint une bandelette. Fond ombré.

17.

(15) Homme chevelu et barbu, tourné à droite, regardant de face, la tête appuyée sur le revers de sa main gauche, et paraissant méditer. Fond légèrement ombré.

18.

(16) Oriental, vu de trois quarts, tourné à droite, où il regarde; ses traits paraissent exprimer la souffrance. Sa tête est couverte du turban, orné d'une aigrette. Fond teinté.

JEAN DARET.

On ne saurait confondre cet artiste avec son homonyme, *Pierre Daret*, qui, né en 1610, et mort fort âgé, reproduisit au burin, non sans talent, les compositions d'autrui, et qui n'a jamais rien gravé d'après ses propres compositions.

JEAN DARET, au contraire, fut peintre et graveur à l'eau-forte; c'est lui qui nous l'apprend dans la suite d'estampes que nous devons à sa pointe, et dont nous allons offrir la description.

Ces pièces, au nombre de neuf, sont le produit d'une pointe très exercée, et d'un goût du dessin qui rappelle le Guide.

M. de Heinecken (Dictionnaire des Artistes, etc., vol. 4, p. 519) ne porte leur nombre qu'à sept; mais il a connu deux autres pièces de notre artiste que nous n'avons jamais rencontrées, savoir, un sujet de thèse, gravé en 1642, et une composition de Loth et ses filles, d'après Rubens.

Il paraît que *Jean Daret* naquit en Provence, et peut-être à Aix, département des Bouches-du-Rhône; du moins, Nanteuil, en gravant d'après lui, en 1652, le portrait de Jean de Mesgrigny, premier président au parlement de Toulouse, le qualifie de peintre provençal; mais N. Pitau, qui a gravé aussi d'après lui, en 1663, le portrait d'un personnage, auquel une note conservée à la Bibliothèque royale donne les noms de *Camille*, ou *Cornille de Lillii de Camerino*, le dit peintre bruxellois. Nous adoptons de préférence la donnée de Nanteuil, à laquelle M. de Heinecken n'a pas fait attention.

OEUVRE

DE

JEAN DARET.

—◦—

LES VERTUS.

SUITE DE 9 ESTAMPES *comprenant le Frontispice, la Dédicace, et les sept Vertus proprement dites.*

Hauteur : 4 po. 2 à 3 l. Largeur : 2 po. 3 à 5 l.

Ces Vertus sont représentées par des enfans debout dans des campagnes.

Les planches ne portent pas de numéro, à l'exception de la troisième, qui est revêtue du chiffre 2.

—

1. *Frontispice.*

Génie couronné de laurier, debout, dans une campagne, et vu de face, tenant, d'une main, un glaive, et soutenant, de l'autre, un écusson sur lequel on lit : *Hyeroglifiques Des Vertus Theologalles et Cardinalles Inuentées et grauées par Jean Daret peintre. pour preuues deau fort. A Aix En Prouence* 1658.

2. *Dédicace.*

Enfant debout, en avant des restes d'un monument, la tête penchée à gauche, et regardant en face. Il soutient, des deux mains, un écriteau tombant à terre, et qui le cache en grande partie, sur lequel on lit : *A Madamoiselle Marguerite Daret.*

> *C'est à la Royne des Vertus*
> *A qui celles cy se dedient*
> *E qui justement la publient*
> *Auoir les Vices abatus*

NON ENIM TALIS MVLIER SVPER TERRAM.
Judith XI. Par son tresaff.^{né} frère Jean Daret. peintre Jnuentée Et Par Luy gravée j658.

3. *La Foi.*

Elle est vue de face, la tête tournée à gauche, regardant une croix, qu'elle tient de la main droite élevée ; elle supporte, de l'autre, un bâton surmonté d'un encadrement de branches de laurier, où se voient deux mains enlacées.

Au haut de la droite, le chiffre 2 ; et, au bas, du même côté : *Daret fec.^t*, comme nous le rapportons n° 36.

4. *L'Espérance.*

Elle est vue de profil, tournée à gauche, ouvrant les bras et levant les yeux vers une flamme qui paraît au ciel, dans le coin haut, du même côté. Une ancre est à ses pieds ; la mer se voit dans le lointain.

Au bas de la gauche : *Daret fé.^t*

5. *La Charité.*

Elle est vue dirigeant ses pas à droite, regar-

dant presque de face, tenant un cœur enflammé,
d'une main, et montrant le ciel de l'autre, élevée.

Au bas de la droite : *Daret fe.*

6. *La Prudence.*

Elle est vue de face, la tête couverte d'un casque
couronné de laurier, tenant, d'une main, un miroir
réfléchissant ses traits, et, de l'autre, un serpent
qui entortille son bras.

Au bas de la droite : *Da.*, tel que nous le rapportons nº 37.

7. *La Justice.*

Elle est vue de profil, tournée à droite, regardant de face ; elle tient, d'une main, le faisceau et
la balance ; l'autre est tendue et libre.

Au bas de la gauche : *Dar. f.*, comme nous le
rapportons nº 38.

8. *La Force.*

Elle est vue par le dos, la tête casquée et soutenant, de ses deux mains, une colonne en surplomb.

Au bas de la droite : *Daret f.*

9. *La Tempérance.*

Elle est vue de face, la tête penchée à gauche,
et regardant en face. Elle tient, des deux mains,
une bride qui pend, à droite.

Au bas de la gauche : *Daret f.*

R. DUDOT.

Si le nom de cet artiste, dont le prénom est probablement René, ne se révélait que par quelques gravures au burin faites d'après ses compositions, par H. (Jérôme) David, et par d'autres artistes du dix-septième siècle, dont les estampes, également au burin, furent publiées par Landry, on concevrait peu d'estime pour son talent ; mais une pièce sortie de sa pointe vient témoigner de son savoir, et doit contribuer à sauver son nom de l'oubli ; nous allons en faire la description. Elle est composée dans un goût qui tient tout à la fois de De La Hyre et de Bourdon, et exécutée d'une pointe analogue à celle de François Chauveau, mais beaucoup plus ferme.

Une note, conservée à la Bibliothèque du roi, le fait naître à Paris vers 1640 ; mais cette date ne s'accorde guère avec l'année 1659, qui, selon Florent Le Comte, vit paraître, au nombre des *Mais* de Notre-Dame de Paris, un tableau de l'artiste représentant le *Trépas de la sainte Vierge*, sujet dans lequel Piganiol de la Force a vu la *Mort de Tabithe ;* toutefois cette note laisse ignorer le lieu et l'époque du décès de Dudot, qu'aucun auteur n'a, jusqu'à présent, fait connaître comme graveur.

Sainte Famille.

En avant d'une pyramide qui s'aperçoit, en partie,
à la gauche de l'estampe, la Vierge, assise, vue de
profil, et tournée à droite, tient son divin fils couché sur elle, qui fait une indication de la main
droite, vers le fond de la gauche. Le petit saint Jean,
agenouillé, à côté de la Vierge, au milieu du devant, offre sa croix à Jésus, et se retourne pour
regarder son mouton, couché au bas de la gauche,
qui lui lèche le pied. Le fond présente une campagne montueuse, ornée de riches monumens d'architecture et d'arbres, parmi lesquels on distingue deux
palmiers.

Au bas de la gauche, on lit : *R. Dudot inu.ᵉ fe.*,
comme nous le rapportons n° 39.

Hauteur : 8 po. 8 l. Largeur : 5 po. 4 l.

On connaît deux états de cette planche :
I. Avant la lettre.
II. C'est celui décrit.

FOCUS.

Georges Focus, que M. de la Ferté écrit, à tort, *Faucus,* naquit à Châteaudun, département d'Eure-et-Loir, vers 1641, et mourut à Paris en 1708.

L'histoire de l'art est muette, d'ailleurs, sur cet artiste, que la qualification de *Monsieur,* qu'il reçoit sur l'une de ses planches, semble indiquer plutôt comme amateur que comme artiste de profession.

Quoi qu'il en soit, nous lui devons, non seulement une suite de six vues d'Italie, composées dans le goût de Gaspre-Poussin, touchées d'une pointe qui rappelle et Michel Corneille et Gérard Audran, mais encore une charmante petite pièce, nº 1er de notre Catalogue, touchée d'une pointe analogue à celle dont Adrien Vander Cabel s'est servi dans les meilleures estampes de son œuvre.

OEUVRE

DE

FOCUS.

—◦—

1.

Une rivière coule de la gauche au bas de la droite.
A l'ombre de deux grands arbres qui se voient sur
la rive, au bas de la gauche, un homme est couché
à terre, la tête appuyée sur sa main droite. Au fond,
du même côté, une haute montagne, ombragée à
son sommet, paraît être la partie culminante d'une
chaîne qui se perd dans le fond de la droite. Au bas
de la gauche, sur la terrasse : *foc*, comme nous le
rapportons n° 40.

Largeur : 4 po. 5 l. Hauteur : 3 po. 9 l.

VUES D'ITALIE.

2 A 7. SUITE DE 6 PIÈCES NUMÉROTÉES AU BAS DE LA DROITE.

Largeur : 12 po. 9 l. à 13 p. Hauteur : 9 po. 3 l. à 10 p.

2.

(1) Au bas du milieu de l'estampe, un homme,
nu-tête, vu de profil, et tourné à gauche, est assis,
tenant, entre ses jambes, une urne, dont il paraît

vouloir lever le couvercle. Au dessus, sur un rocher que longe un chemin, s'élève une construction, espèce d'oratoire, surmonté d'une campanille, près duquel, au bord du chemin, se voient deux hommes, l'un assis, l'autre debout. Sur l'une des faces de ce monument, on lit : *Strada daqua Ch tusa* (peut-être d'Acqua Acetosa). Une pièce d'eau, où se reflète le rivage, est à droite, et, dans le fond, se voient des fabriques ombragées qu'abritent de hautes montagnes. A gauche est un site de rochers boisé jusqu'à son sommet.

Dans la marge, on lit : *Diverses veuës d'Jtalie. Dédié a Monsieur le Brun escuyer premier Peintre du Roy Chancellier principal Recteur de L'Académie Royalle de Peinture et Sculpture Et Prince de L'Académie de Rome par son tres humble seruiteur Audran.* Cette inscription est coupée, à son milieu, par l'écusson des armes de Le Brun.

On connaît deux états de cette planche :
I. Avant le numéro.
II. Avec le n° 1.

3.

(2) Pays richement boisé, à droite et à gauche. De ce dernier côté, un homme, chargé d'un lourd fardeau, et une femme, qui paraît l'aider, gravissent avec effort un chemin escarpé qui traverse la forêt. Le milieu du fond est garni de hautes montagnes stériles, en avant desquelles se voit une grande pièce d'eau, au bord de laquelle, dans le

fond, vers la gauche, s'élèvent deux colonnes d'une épaisse fumée.

Sur une pierre, au bas de la droite : *focus in*, suivis d'autres caractères illisibles.

On connaît quatre états de cette planche :

I. A l'eau-forte pure. Les travaux ont manqué à une place d'un pouce de long sur 7 lignes de large, vers le milieu du fond de la droite, entre le gros arbre et un bouquet de petits arbres qui avoisine la pièce d'eau; d'ailleurs, la partie rompue de la souche d'arbre, voisine du gros arbre, est seulement accusée par des travaux perpendiculaires; point de trait carré.

II. La place venue en blanc, dans le premier état, a été teintée; là se voient deux collines; la partie rompue de la souche a été retouchée par de secondes tailles diagonales croisant les premières en losange. Le trait carré existe.

III. Plus travaillé encore; partant, beaucoup plus d'harmonie; but de l'artiste atteint; la partie rompue de la souche couverte d'une triple taille; le petit bouquet d'arbres avoisinant la pièce d'eau a été retouché au burin à son milieu; l'eau de la cascade, en avant de la fabrique du milieu du fond, a été retouchée au burin par des traits horizontaux, simples sur le devant et croisés au fond, ce qui a fait disparaître les buissons qui se voyaient en ce dernier endroit dans les premiers états; d'ailleurs, le bras et la cuisse droite de la femme, blancs dans les mêmes états, sont, dans celui-ci, teintés d'une taille perpendiculaire; avec le nom de l'artiste sur une pierre, au bas de la droite, comme nous l'avons dit, laquelle, en cet état, a été teintée; elle était blanche dans les deux premiers. Point de numéro.

IV. Avec le n° 2.

4.

(3) Superbe paysage où l'on remarque, au fond de la droite, une montagne volcanique, du sommet

de laquelle s'échappent des tourbillons de fumée ;
à mi-côte, vers le milieu, un château, avec tours et
un aqueduc, et, au bas, une rivière, serpentant
vers la gauche par plusieurs cascades, et venant
tomber, par une autre, au bas de la droite, à côté
d'une langue de terre, couverte de buissons et de
trois arbres. Sur le premier plan, au milieu, deux
arbres s'élèvent jusqu'au bord supérieur de la planche, et, à gauche, au pied de deux gros arbres,
dont les branches se confondent avec celles des deux
du milieu, on voit assis, dans l'attitude de la méditation, un homme, ayant, à côté de lui, un sac et
son bâton. Le lointain, de ce dernier côté, est animé
par des bergers gardant leur troupeau. Pièce sans
marque.

On connaît deux états de cette planche :

I. Avant le numéro.
II. Avec le n° 3.

5.

(4) Paysage, non moins pittoresque que le précédent, où l'on voit, dans le fond de la gauche, une
haute montagne, sommet d'un amphithéâtre de collines boisées, qui paraissent finir sur le premier
plan, du même côté, où tombe, en cascade, une rivière venant du fond de la droite. Sur un plateau,
à mi-hauteur, à gauche, un berger garde son troupeau, et, au delà, des fabriques d'une riche architecture. A droite, vaste plateau, où l'on remarque
deux bouquets d'arbres, dont un est proche du bas
de l'estampe. Sous celui-ci sont un homme et une

femme assis; l'homme paraît indiquer de la main droite, levée, la route à un voyageur, qui parcourt un chemin aboutissant au milieu du devant. Pièce sans marque.

On connaît deux états de cette planche :

I. Avant le numéro.

II. Avec le n° 4.

6.

(5) Au bas de la gauche de ce morceau, sur un tertre, à l'ombre d'un arbre, une femme, à l'air majestueux, est assise entre deux hommes, paraissant, ainsi qu'elle, contempler la beauté du paysage, où l'on remarque, du même côté, d'abord une rivière qu'alimentent des eaux tombant en cascade, puis des fabriques boisées, et ensuite, au fond, une haute montagne. Au milieu du bas, à côté d'une souche, un grand arbre, s'élevant jusqu'au bord supérieur de la planche, et, à la gauche, un site rocailleux et extrêmement montueux, mais boisé.

Sur une pierre, dans le coin bas de la gauche : *focus sculs.*

On connaît deux états de cette planche :

I. Avant le numéro.

II. Avec le n° 5.

7.

(6) Le côté droit de cette estampe offre un sol, au fond rocheux, garni de verdure, et qu'ornent deux grands arbres, dont un est coupé par le bord droit de la planche. Il est sillonné par un chemin, venant du fond, et paraissant aboutir à la rivière dont nous allons parler. Ce chemin est parcouru, en sens contraire, par un homme et une femme, qui

semblent s'entre-demander leur route ; sur le second plan de la gauche, une rivière coule en cascades, au bas, du même côté, après avoir baigné une langue de terre, richement boisée, qui se voit au delà de l'eau, du même côté. Vers le milieu du fond, au bord d'une espèce de réservoir que la rivière forme là, deux hommes tirent à eux un épervier ; au fond, de belles fabriques, richement boisées, que semble couronner une haute montagne.

Dans la marge, à gauche : *Designé et gravé par Mr Focus ;* et, à droite : *Ce Vend Chez G. Audran.*

On connaît trois états de cette planche :

I. A l'eau-forte pure. Les travaux ont manqué au pied de l'arbre coupé par le bord droit de la planche ; elle a coulé au milieu du fond, où elle forme tache, sur les arbres, au bas de la partie des fabriques où se voient deux pins parasols ; elle a pareillement coulé dans le coin haut de la gauche, où elle forme tache à trois endroits ; le trait carré presque insensible au haut de la gauche est très légèrement indiqué partout ailleurs.

II. Les travaux ont été refaits au burin là où ils avaient manqué à l'opération de l'eau-forte ; les traces de coulures disparues ; des travaux sans nombre ont été faits presque partout ; ainsi, derrière les palmiers et les pins parasols du milieu du fond, qui se détachaient sur un fond blanc dans le premier état, on voit des teintes dans celui-ci ; les bords des cascades qui, dans le premier état, étaient accusés par des travaux d'une seule taille, ont été, dans celui-ci, recouverts d'une et même de deux autres tailles ; enfin, l'artiste a atteint son but, la planche est finie ; il y a de l'accord partout. Le trait carré renforcé.

Cet état est avec la lettre, mais avant le numéro.

III. Avec le n° 6.

JEAN-FRANÇOIS MILLET,

DIT FRANCISQUE.

On doit écrire MILLET et non MILÉ ou *Milet*, comme l'ont fait la plupart des biographes qui nous ont laissé des notices sur la vie de cet artiste. C'est du moins ainsi que les différens livrets d'exposition que nous avons été à même de vérifier ont constamment écrit le nom de famille de l'un de ses fils, nommé Jean-François ou Francisque, qui naquit à Paris, en 1666, et mourut, en la même ville, en 1723, et de l'un de ses petits-fils, enfant de celui-là, nommé Joseph-François ou Francisque, qui, né à Paris en 1697, y mourut en 1777, et qui exposa encore en 1755.

Millet, l'aïeul de ce dernier, naquit à Anvers en 1643 ou 1644; mais, Français d'origine, il se fixa de bonne heure à Paris, où il s'inspira des ouvrages de Poussin, qu'il prit constamment pour modèle. Il fut membre de l'Académie de peinture, dont plus tard il devint professeur, comme peintre d'histoire, qu'il savait enrichir de beaux paysages. Il ne vit jamais l'Italie, et ce fut à Paris, où il mourut en 1680, qu'il mit au jour ses plus beaux ouvrages : c'est à ces différens titres que nous le rangeons dans l'école française.

D'Argenville rapporte que notre artiste a gravé lui-même trois planches ; M. Bartsch en a découvert et décrit une, la première de l'œuvre ; mais M. le comte Rigal les possédait toutes trois, et c'est à son Catalogue que nous empruntons la description que nous allons en faire. Elles sont d'une rareté extrême.

Ces pièces sont d'une pointe qui rappelle celle dont s'est servi Abraham Genoels dans les planches qu'il a gravées à Rome.

OEUVRE

DE

FRANCISQUE MILLET.

—◦—

1. *Les deux Amans.*

Paysage coupé par un chemin, où une femme, appuyée sur un vase, et un homme, qui semble lui parler, sont assis au pied d'un grand arbre, qui s'élève vers le milieu de l'estampe, jusqu'au bord supérieur de la planche. Au fond, à gauche, un temple en rotonde ; au milieu, des fabriques ; et, à droite, deux personnes, debout, à côté d'un troupeau.

A terre, à gauche, le monogramme du maître rapporté n° 41.

Largeur : 6 po. 2 l. Hauteur : 5 po. 1 l.

2. *Le Voyageur.*

Vue d'une campagne où un homme, le bâton à la main, et chargé d'un paquet, s'avance sur une route, au bas du milieu de l'estampe ; à droite, de grands arbres : un homme et une femme sont assis à terre, au revers d'une colline ; du côté opposé, dans l'éloignement, deux personnes marchent en avant de belles fabriques, composées d'une pyramide, de deux tours carrées et d'une grande arcade. Pièce sans marque.

Largeur : 6 po. 2 l. Hauteur : 5 p. 2 l.

3. *Ville antique.*

Vue d'une ville antique ; près de là, à gauche, au sommet d'une colline, un monument à quatre colonnes isolées ; dans le fond, de hautes montagnes. Un ruisseau serpente, à travers les campagnes qui précèdent la ville, et, de ses eaux, vient baigner partie du devant, où est un pêcheur. Pièce sans nom, et qui paraît être le premier essai du maître.

Largeur : 6 po. 1 l. Hauteur : 5 po. 2 l.

THÉODORE.

Florent **Le Comte** dit de cet artiste qu'il fut élève de Francisque Millet, dont il grava plusieurs tableaux. Basan, qui ne paraît pas avoir puisé ses données ailleurs que chez cet auteur, ajoute pourtant que *Théodore* fut peintre lui-même, et lui attribue quarante-deux estampes, qu'il aurait gravées d'après son maître. Aucun autre biographe, du moins à notre connaissance, n'entre dans plus de détails sur le nom, la vie et les ouvrages de *Théodore*, dont le nom véritable n'est peut-être pas celui sous lequel il figure ici, car il a tout l'air d'un prénom, si même il n'est pas simplement un sobriquet d'atelier.

Il est certain, quoique Basan en porte le nombre à quarante-deux, que notre artiste n'a jamais gravé que les vingt-huit estampes dont nous allons emprunter la description à M. Bartsch, en changeant son ordre de numéros, pour faciliter l'application des remarques que nous aurons à faire, et qui, pour la plupart, ont échappé à sa sagacité.

Seize pièces du nombre des vingt-huit, c'est à dire les n°s 7 à 22, sont attribuées, par Houbraken et P. Mariette, à Gérard Hoët, peintre hollandais. Quelle que soit l'opinion de ces auteurs, et surtout celle de Mariette, d'ordinaire si bon juge, nous ne balançons pas à croire, après un examen approfondi de l'œuvre entier du maître, qu'il ne soit l'auteur de la totalité des pièces, nous conformant au sentiment de M. Bartsch, qui n'a fait aucune difficulté de les lui attribuer exclusivement.

Ces estampes sont gravées d'une pointe légère, qui a plus de rapport avec celle de Vander Cabel qu'avec toute autre.

OEUVRE

DE

THÉODORE.

❖

1 A 6. — ESTAMPES DE FORME RONDE.

—

1. *Les Pêcheurs.*

(1) Rivière coulant, du milieu du fond, à la gauche du devant, où elle tombe en cascade. Elle est
traversée par un pont de pierre, communiquant avec
un bâtiment, situé dans le fond, à gauche, au pied
d'une montagne. Sur le devant, une jeune femme,
portant un panier sur la tête, parle à un pêcheur,
vu par le dos, et à genoux, près d'un autre, qui
ramasse des poissons.

Au dessous de l'encadrement : *franc. pinxit
Simon excudit cum pri . regis;* et, dans l'angle
de la droite du bas, le chiffre I.

Diamètre : en largeur, 6 po. 11 l., et en hauteur 6 po.
10 l.

On connaît deux états de cette planche :
I. C'est celui que nous venons de décrire.
II. Le nom de Simon effacé.

2. *La double Cascade.*

(2) Une rivière coule, de la gauche du fond, en
avant, où elle forme une double cascade, près d'un

bois touffu. Sur le bord opposé, deux hommes, l'un assis, l'autre couché, semblent s'entretenir. Ils sont au bord d'un chemin, sur lequel un homme marche vers quelques fabriques, qui se voient, dans le fond, au pied d'un grand rocher.

Au dessous de l'encadrement : *franc. pinxit Simon excudit cum priuilegio regis ;* et, dans l'angle de la droite du bas, le chiffre 2. retourné.

Diamètre : 7 po. 1 l.

On connaît deux états de cette planche :
I. C'est celui décrit.
II. Le nom de Simon effacé.

5. *Jeune femme portant un paquet sur la tête.*

(3) Une rivière coule, sur toute la largeur de cette estampe, en avant d'une campagne remplie de collines, et que de hautes montagnes bornent à l'horizon. On voit, au milieu du devant, sur un sol rocheux, qui forme l'un des bords de la rivière, une jeune femme, qui marche vers la droite, tenant sa robe retroussée, d'une main, et soutenant, de l'autre, un paquet qu'elle a sur la tête.

Au dessous de l'encadrement : *Francisque Pinxit Simon excudit cum priuilegio regis ;* et, dans l'angle de la droite du bas, le chiffre 3 retourné.

Diamètre : 7 po.

On connaît trois états de cette planche :
I. La tour carrée, faisant partie des fabriques qui se voient au sommet d'une colline dans le fond à gauche, est en blanc, tandis que, dans les autres états, elle est ombrée par des traits

perpendiculaires. Au surplus, on voit les noms du maître et de l'éditeur, et le chiffre, comme dans le deuxième état.

II. C'est celui décrit.

III. Le nom de Simon effacé.

4. *Le petit Bateau.*

(4) On voit, au milieu de ce morceau, un petit bateau chargé, sur une rivière, dont les bords sont garnis de grands arbres. On distingue trois petites figures sous ceux de la gauche. Cette rivière coule sur le devant, et baigne, dans le fond, le pied d'un rocher escarpé d'une hauteur immense, au sommet duquel reposent quelques quartiers qui semblent détachés.

Dans les angles du bas, à gauche : *francisque pinxit;* et, à droite : *Simon excudit cum priuilegio regis.* Point de numéro.

Diamètre : 6 po. 10 l.

On connaît deux états de cette planche :

I. C'est celui décrit.

II. Le nom de Simon effacé.

5. *Le Sarcophage.*

(5) A droite, une espéce de sarcophage est placé sur deux socles de pierres carrées, entre lesquels coule une eau claire que traverse, sur le devant, à gauche, un petit pont de pierre. Au milieu du fond, un berger fait marcher son troupeau, vers la gauche, qui est garnie d'arbres. Le lointain de la droite est terminé par une montagne pointue, dont la base, garnie de verdure, est baignée par une rivière.

Au dessous de l'encadrement : *Francisque Pinxit Simon excudit cum priuilegio regis*. Point de numéro.

Diamètre : 6 po. 11 l.

On connaît deux états de cette planche :
I. C'est celui décrit.
II. Le nom de Simon effacé.

6. *La Baie*.

(6) Paysage montueux, qui, quoique dans le goût de Millet, pourrait bien être de la composition même de Théodore, comme il est de sa pointe, animée ici de savans travaux au burin, qui ont fait de cette pièce un morceau tout à fait en dehors des cinq que nous venons de décrire.

Sur la pente d'une colline qui occupe le devant de la gauche, une jeune femme, debout, parle à une autre, qui est assise près d'elle, vue par le dos. On voit, au milieu du second plan, au delà d'une rivière qui tombe en cascade, à droite, des fabriques bâties au sommet d'une colline contiguë, à droite, à une chaîne de montagnes chauves, qui fuient dans le lointain, en se repliant, vers la gauche, et qui forment là une baie qu'animent des barques à la voile. Pièce qui n'a jamais porté ni lettre ni numéro.

Diamètre : 7 po. 7 l.

Les bonnes épreuves de cette pièce sont celles dont les travaux légers du second plan ne sont pas dépouillés ; elles sont rares.

PAYSAGES EN LARGEUR.

7 A 16. SUITE DE 10 PIÈCES DONT LES 2 PREMIÈRES SEULEMENT SONT NUMÉROTÉES.

Largeur : 10 po. 10 l. à 11 po. 2 l. Hauteur : 7 po. 5 l. à 7 po. 7 l.

———

7. *La Femme assise près d'un vase.*

(1) Au milieu de l'estampe, un chemin étroit serpente, du fond de la gauche, vers la droite du devant, où il fait la fourche. On distingue un terme érigé, sur le bord de ce chemin, vers le milieu du fond. Un peu plus en avant marche un jeune homme, portant un long bâton. Il tourne le regard vers une femme, qui dirige ses pas vers la droite, ayant un paquet sur la tête, laquelle est précédée d'un berger, conduisant son troupeau, au long d'une colline couverte d'arbres. Au milieu du devant, une jeune femme est assise, près d'une pierre, sur laquelle un vase est posé. Le côté gauche représente un pays, avec plusieurs collines, dont la plus éloignée, au milieu du fond, est surmontée d'arbres. Elle est contiguë à un terrain où l'on voit quelques fabriques.

Sur la terrasse, à droite : *franci, pin, Simon exc, cum pri, regis,*

Et, dans la marge, de ce côté, le chiffre I.

On connaît deux états de cette planche :
I. C'est celui décrit.
II. Le nom de Simon effacé.

8. *Le Pêcheur dans la nacelle.*

(2) **Sur le devant, presqu'au milieu de l'estampe,** un homme, coiffé du bonnet phrygien, assis à terre, fait signe de la main, élevée, vers la droite. Il est au bord d'une rivière, sur laquelle un homme, dans une nacelle, pêche à la ligne. Cette rivière paraît venir du bas de la droite, et se diriger sous un pont, qui se voit au bas de la gauche. Au delà sont de grands arbres, les uns groupés, les autres isolés, sous lesquels se voient trois figures, dont l'une paraît laver ses mains dans la vasque d'une fontaine monumentale. Dans le fond, à gauche, un homme marche à côté d'un cavalier. Le lointain offre une ville au bord de la mer.

Sur la terrasse, au milieu : *francisque pin, Simon ex, cum pri, regis.*

Et, au milieu de la marge, le chiffre 2. retourné.

On connaît deux états de cette planche :
I. C'est celui décrit.
II. Le nom de Simon effacé.

9. *Le Petit Moïse sauvé.*

(3) **Le Nil serpente, du milieu du fond, vers le** devant, à droite, où l'on voit un batelier, dirigeant son bateau. Sur le bord de l'eau, la fille de Pharaon, accompagnée de quatre femmes, et ayant deux suivantes derrière elle, s'approche du petit Moïse, qui est couché devant elle. Deux femmes, dont une est accroupie près de l'enfant, semblent demander des

ordres à la princesse. On voit, sur le devant, à gauche, un mausolée orné d'un sphinx, et entouré de
quelques arbres. Un pont de quatre arches couvre
le fleuve, et lie le fond de la gauche avec le fond de
la droite, où se voit une ville décorée, entre autres
monumens, d'un obélisque et d'une pyramide.

Dans la marge, à gauche : *Francisque Pinxit;*
et, à droite : *Simon excudit cum priuilegio regis.*

On connaît deux états de cette planche :
I. Avant la lettre.
II. C'est celui décrit.

10. *La Fuite en Égypte.*

(4) Pays montueux, garni, çà et là, de fabriques
qu'ombragent des arbres. On voit, à gauche, près
des ruines d'un bâtiment, où se lit encore la légende
romaine : S P Q R, une cascade, dont l'eau tombe
dans un ruisseau, qui prend son cours en largeur
jusqu'au bas de la droite. Ce ruisseau est traversé,
au milieu de l'estampe, par un pont formé de deux
pierres carrées. Au delà de ce pont, la Vierge, avec
l'enfant Jésus sur ses bras, montée sur l'âne, qu'un
ange, suivi de saint Joseph, conduit par la bride.
Un mendiant, assis sur une butte, à côté du pont,
demande l'aumône à ce groupe, ainsi qu'un jeune
garçon, qui suit la Vierge.

Sur la terrasse, au milieu : *Francisque Pinxit
Simon excudit Cum Priuilegio Regis.*

On connaît deux états de cette planche :
I. Avant la lettre.
II. C'est celui décrit.

11. *Jésus-Christ et la Cananéenne.*

(5) Au milieu du devant de ce morceau, Jésus, debout, vu de profil, et tourné à droite, parle, la main gauche élevée, à la Cananéenne, qui est à genoux devant lui, implorant son secours. Il est accompagné de six de ses disciples, qui se tiennent, debout, derrière lui. On voit, au milieu du fond, deux groupes d'arbres, et, à gauche, un rocher surmonté de verdure. Un chemin, animé de quelques figures, à différentes distances, serpente, à droite dont le lointain offre la vue d'une ville au sommet d'une colline.

Sur la terrasse, au milieu : *A Paris chez M*. *Simon terre de Cambray au Lion d'or Auec Priuilege du Roy;* et, à droite : *Francisque Pinxit.*

On connaît trois états de cette planche :

I. C'est celui décrit.

II. Les onze premiers mots de l'inscription effacés ; il ne reste plus que ceux : *Avec Priuilege du Roy*, et le nom du peintre.

III. A la place des mots effacés, on lit : *A Paris chez Crepy rue S*. *Jacques.*

12. *Les Filles de Cécrops.*

(6) Le fond de ce paysage est orné, sur toute sa largeur, d'une ville antique, qu'embellissent une colonne, un mausolée et d'autres édifices somptueux, entremêlés d'arbres. Elle est située en avant d'une chaîne de montagnes, qui s'aperçoivent à l'horizon. Sur le devant, au milieu de l'estampe,

les filles de Cécrops, dont deux portant chacune un panier rempli de fleurs sur leur tête, marchent vers le temple de Minerve. Une, parmi les aútres, lève la tête pour regarder Mercure, qui plane dans les airs, au milieu du haut de l'estampe, en se dirigeant à droite.

Dans la marge, à gauche : *Francisque Pinxit Simon excudit cum priuilegio regis.*

On connaît deux états de cette planche :
I. C'est celui décrit.
II. Le nom de Simon effacé.

13. *Le Paysage aux lapins.*

(7) On voit, dans cette composition, une rivière, qui serpente, de la droite du fond, vers le devant de la gauche, où est un bateau. Son bord, au delà, est garni de quelques fabriques entourées d'arbres, et situées au bas d'un grand rocher escarpé, qui s'élève, dans le fond, à gauche. En deçà de l'eau, presqu'au milieu de l'estampe, dans un chemin creux, marchent trois femmes, dont la première semble parler à un homme, vu par le dos, et assis sur une butte, qui fait le devant, et au bas de laquelle on remarque deux lapins.

Dans la marge, à gauche : *francisque pinxit ;* et, à droite : *Simon ex' cum pri . regis.*

On connaît deux états de cette planche :
I. C'est celui décrit.
II. Le nom de Simon effacé.

14. *L'Orage.*

(8) Une chaîne de très hautes montagnes occupe
le fond de ce paysage. De leur sein, vers la gauche,
s'échappe une rivière, qui vient fuir au bas de la
droite. Elle est traversée, au milieu de l'estampe,
par un pont contigu à des maisons qui occupent ses
deux bords. Au milieu du devant, un homme et
une femme, assis sur une butte, expriment la frayeur
que leur cause la foudre qui tombe. A quelque distance de ces deux figures, vers la gauche, marche,
dans un creux, une femme conduisant un enfant
par la main, et suivie d'une jeune personne effrayée.
Un homme, à cheval, suivi d'un autre, à pied, court
vers le devant, à gauche.

Dans la marge, à gauche : *Francisque Pin. Simon ex. C. p. R.*

On connaît deux états de cette planche :
I. C'est celui décrit.
II. Le nom de Simon effacé.

15. *La Fontaine.*

(9) Sur le bord d'un chemin, qui serpente, du
milieu de l'estampe jusqu'au devant, où se voit une
mare, est une fontaine monumentale, près de laquelle une femme, debout, semble parler à un
homme, accroupi devant elle. En face de cette fontaine, vers la gauche, un homme, vu par le dos,
est assis à terre, à l'ombre d'un groupe d'arbres. Le
fond est orné de quelques fabriques.

Dans la marge, à gauche : *Francisque Pinxit ;*
et, à droite : *Simon excudit cum priuilegio regis.*

On connaît trois états de cette planche :
I. C'est celui décrit.
II. Le nom de Simon effacé, et sans aucun autre nom d'éditeur.
III. Au milieu de la marge, on lit : *A Paris chez Crepy.*

16. *Les Baigneurs.*

(10) La droite de ce morceau offre une rivière dont les bords sont ombragés. Sur celui voisin du milieu de l'estampe, dans un espace clair, deux personnes sont assises, l'une nue, l'autre vêtue. Une troisième, qui cache sa nudité avec une espèce de vêtement, est dans l'eau, et paraît vouloir en sortir. A gauche, derrière la feuillée, une femme, à l'air distingué, paraît cueillir des fruits. Le fond offre la vue de la mer, au bas d'une chaîne de montagnes chauves, qui fuient dans le lointain, à gauche.

Dans la marge, de ce dernier côté : *Francisque pinxit ;* et, à droite : *Simon exc. cum priui.* regis.

—

17 a 22. SUITE DE **6** PIÈCES NON NUMÉROTÉES ,
et qu'il ne paraît pas que Simon ait possédées.

Largeur : 6 po. 8 à 11 l. Hauteur : 7 p. 5 à 8 l.

17. *Céphale et Procris.*

(1) Un bois clair ouvre la vue d'un pays entre-coupé d'une petite rivière, qui serpente au milieu de

l'estampe. Sur la droite, Céphale, accompagné de
son chien, est représenté au moment où il lance son
javelot sur Procris, qui se voit, au devant de la gauche, cachée derrière des buissons.

Dans la marge, à droite : *Francisque Pinxit
Auec Priuilege du Roy*.

On connaît deux états de cette planche :
I. Avant l'adresse de Crepy.
II. Avec cette adresse.

18. *La petite Famille*.

(2) Au milieu de ce morceau, un homme, vu
par le dos, est assis sur une butte, près d'une femme
qui tient son enfant. Cette butte est au bord d'un
chemin étroit, qui se dirige, en serpentant, vers le
fond, et sur lequel marche, vers la gauche, une
jeune femme portant un paquet sur la tête. A droite,
plusieurs grands arbres et quelques arbustes s'élèvent au dessus d'un rocher, qui forme le premier
plan. Le fond représente une rivière, au delà de laquelle la vue s'étend dans un vaste pays orné, à
droite, de quelques fabriques.

Dans la marge, à droite : *Francisque Pinxit
Auec Priuilege du Roy*.

On connaît trois états de cette planche :
I. Les fabriques du fond, à droite, ne sont pas ombrées.
Cet état est avec le nom du maître.
II. Ces fabriques sont ombrées. Cet état est avant l'adresse
de Crepy.
III. Avec l'adresse de Crepy.

19. *Le Troupeau au bord de l'eau.*

(3) Rivière traversée, à gauche, par un pont de pierre, sur laquelle, au milieu de l'estampe, on voit un petit bateau chargé, et dirigé par un seul batelier. Sur le bord de l'eau, en deçà, deux bergers sont assis près de leur troupeau. Le bord opposé est garni de plusieurs arbres de haute tige, à travers lesquels se présente, à droite, un petit lointain richement orné et animé. Au milieu du devant, une femme, ayant un enfant dans ses bras, passe devant un vieillard, qui semble lui adresser la parole; il est assis sur une butte, au bord d'un chemin, où l'on voit, vers le fond, à gauche, un jeune homme suivi d'une femme qui lui parle.

Sur la terrasse, vers le milieu : *Francisque Pinxit Auec Priuilege du Roy.*

On connaît deux états de cette planche :
I. Avant l'adresse de Crepy.
II. Avec cette adresse.

20. *Les deux Hommes marchant de compagnie.*

(4) Le fond de ce morceau représente, à droite, quelques maisons, dont l'une est contiguë à un mur bas et long, qui finit près de deux obélisques, non loin du bord, à gauche : plusieurs bouquets d'arbres ombragent ces constructions. Au milieu du devant, deux hommes, vus par le dos, marchent de compagnie et causent ensemble. Un peu plus loin, vers le fond, une femme, portant un paquet sur la tête,

semble parler à un homme assis sur une butte, au bord d'un ruisseau, qui coule de dessous un petit pont bâti en avant d'une des maisons. Le devant, au bas de la droite, est orné de trois grands arbres.

Sur la terrasse, à gauche : *Francisque Pinxit Auec Priuilege du Roy.*

On connaît deux états de cette planche :
I. Avant l'adresse de Crepy.
II. Avec cette adresse.

21. *La Cascade.*

(5) Une rivière coule, du fond de la droite, vers le devant, à gauche, où elle forme une cascade. Elle baigne un site boisé, orné de belles fabriques, qui se voit en deçà d'une montagne existant au fond, vers le milieu de l'estampe. Sur une butte qui fait le devant de la gauche, est assis un homme parlant à une femme, qui marche au milieu du devant; elle est sur un chemin qui serpente dans le fond, le long de la rivière. Deux autres personnes sont assises au bord de ce chemin, vers la droite; et une troisième, vue par le dos, passe à côté de deux arbres qui sont, au milieu de l'estampe, à la ligne de la cascade.

Sur la terrasse, au milieu : *Francisque Pinxit.*

On connaît deux états de cette planche :
I. Avant l'adresse de Crepy.
II. Avec cette adresse.

22. *Le Pêcheur à la ligne.*

(6) Vers le devant, au milieu de l'estampe, un pêcheur est assis à terre, sur le bord d'un ruisseau.

Vers la droite, marche une jeune femme, qui en regarde une autre couchée sur la pelouse, à l'ombre
d'un groupe d'arbres. On voit l'extrémité d'un bois
dans le fond à droite. Le lointain, à gauche, offre la
vue d'un pays boisé, terminé par une chaîne de
montagnes, qui, s'abaissant vers le milieu, semblent
se perdre à droite.

Dans la marge, à droite : *Francisque Pinxit
Auec Priuilege du Roy.*

On connaît deux états de cette planche :
I. Avant l'adresse de Crepy.
II. Avec cette adresse.

23. *Les deux Bergers.*

Pays richement orné de différens groupes d'arbres,
et terminé par une chaîne de rochers escarpés, d'une
hauteur immense, qui fuient dans le fond, à gauche. Sur le devant, au milieu de l'estampe, un
jeune homme, coiffé du bonnet phrygien, et tenant
son bâton d'une main, parle, l'autre élevée, à un
vieux berger, devant lequel il passe. Ce dernier est
assis sur le bord d'un chemin, ayant près de lui son
bâton et son chalumeau ; il a la main élevée comme
s'il montrait quelque chose à l'autre.

Dans la marge, à gauche : *Francisque Pinxit
Simon excudit cum priuilegio regis.*

Largeur : 17 po. Hauteur : 12 po., y compris 6 l. de marge.

On connaît deux états de cette planche :
I. C'est celui décrit.
II. Le nom de Simon effacé.

24. *La Femme chargée de fruits.*

Sur le devant, vers la gauche, marche une jeune femme, portant deux corbeilles de fruits, l'une sur la tête, l'autre sous le bras. Elle passe devant deux hommes, dont l'un, assis au bord d'un chemin, s'appuie contre une butte, sur laquelle l'autre est assis. A la droite du second plan, est une espèce de mausolée, entouré de beaucoup d'arbres, et contigu à un mur de pierres carrées, qui se prolonge sur toute la largeur de l'estampe. Le fond offre la vue d'une ville située au haut d'une montagne; et, dans le plus grand éloignement, au milieu de la planche, s'élève un volcan. Pièce qui a toujours été sans lettre.

Largeur : 17 po. 2 l. Hauteur : 13 po 2 l., y compris 6 l. de marge.

PAYSAGES EN HAUTEUR.

25 A 28. SUITE DE 4 ESTAMPES NON NUMÉROTÉES.

Hauteur : 13 po. 1 à 3 l., y compris 3 l. de marge. Largeur : 10 po. 2 à 5 l.

On connaît deux états de ces planches :

I. C'est celui que nous allons décrire ; le nom de Simon s'y voit.

II. Le nom de Simon effacé ; mais, au milieu de la marge, on lit : *A Paris chez Crepy.*

25. *L'Homme au large manteau, au milieu du chemin.*

(1) Au milieu de l'estampe, un homme debout,

vu de profil, et enveloppé d'un large manteau, parle
à un autre homme, qui est assis au bord d'un chemin. A une petite distance, un peu plus à droite,
se repose un jeune homme ayant un bâton à la main
et un paquet à côté de lui. On voit, sur le second
plan, à gauche, un berger faisant marcher son troupeau dans un sentier, descendant du même côté, et
dont les bords sont plantés de grands arbres. Vis à
vis, à droite, est une espèce de tombeau entouré de
quatre arbres. Le lointain offre la vue d'un pays
agréable, orné de fabriques, et terminé par une
chaîne de montagnes.

Dans la marge, à gauche : *Francisque Pinxit;*
et, à droite : *Simon excudit cum priuilegio regis,*
expressions suivies du chiffre 2 délicatement indiqué.

26. *L'Homme au gros bâton.*

(2) Une rivière assez large serpente, vers le fond
de ce morceau, entre des bords richement garnis
d'arbres. Sur le devant, une jeune femme, vue par
le dos, portant, sur la tête, une corbeille remplie
de fruits, qu'elle soutient de la main droite, parle,
la main gauche élevée, à un homme, qui est assis
vers le milieu de l'estampe, sur une butte, tenant
un gros bâton à la main. Un autre homme est couché à plat ventre à côté de lui.

Dans la marge, à gauche : *francisque pinxit simon excudit cum priuilegio regis;* et, vers la droite,
le chiffre 2 retourné.

27. *La Rêveuse.*

(3) Le fond de ce morceau offre la vue d'une ville
située au sommet d'une montagne, du milieu de laquelle on voit descendre une chute d'eau. Sur le
devant, à droite, une jeune femme, dans une attitude
mélancolique, est assise au pied d'un arbre qui s'é-
lève jusqu'au haut de l'estampe. Vers le fond, au
bas de la chute d'eau, un berger fait marcher son
troupeau vers la droite.

Dans la marge, à gauche : *Francisque pinxit Simon excudit cùm priuilegio regis;* et, vers la droite,
le chiffre 3 retourné.

28. *Les Chevaux à l'abreuvoir.*

(4) On voit, dans le fond de ce paysage, plusieurs
fabriques adossées à une montagne, dont la partie la
plus élevée est à droite. Le bas de ces fabriques est
baigné par un ruisseau, qui serpente, en faisant deux
chutes, jusqu'à la droite du devant, où l'on voit un
pont d'une seule pierre carré. Au milieu de l'estampe, un homme abreuve deux chevaux dans le
ruisseau. Un autre homme, qui vient d'en sortir avec
les siens, va au galop vers la gauche. Sur le devant
de ce côté, deux femmes, qui s'entretiennent, sont
assises au pied d'un grand arbre qui s'élève jusqu'au
bord supérieur de la planche.

Dans la marge, à gauche : *francisque pinxit*; et, à
droite : *Simon exc. cum pri.ᵒ regis.*

———

Correspondance des numéros de M. Bartsch avec les nôtres.

NUMÉROS de M. BARTSCH.	NUMÉROS de notre CATALOGUE.	NUMÉROS de M. BARTSCH.	NUMÉROS de notre CATALOGUE.
1.	1.	15.	21.
2.	2.	16.	17.
3.	3.	17.	15.
4.	6.	18.	22.
5.	4.	19.	9.
6.	5.	20.	10.
7.	7.	21.	16.
8.	15.	22.	11.
9.	8.	23.	23.
10.	12.	24.	26.
11.	18.	25.	27.
12.	14.	26.	28.
13.	19.	27.	24.
14.	20.	28.	25.

TABLE

DES ESTAMPES GRAVÉES PAR THÉODORE.

D. COLANDON.

Florent Le Comte parle d'un certain Collaudon, de Cannes, *qui travailla long-temps et fort bien aux paysages.*

Cet artiste, sur lequel nous n'avons que ces faibles renseignemens, est sans doute le même que D. Co-LANDON, à qui l'on doit les deux estampes ci-après décrites, et que posséda aussi M. le comte Rigal.

Elles sont faites de peu, et donnent lieu de penser que l'artiste s'est mépris sur le choix de ses sites.

1. *La Nourrice.*

Au bas de la droite, sur le bord d'une large ri-vière, qui fuit du même côté, se voit une femme assise, vue de face, allaitant son nourrisson, à la-quelle un voyageur, debout, à côté d'elle, portant quelque chose sur l'épaule, semble, de la main élevée, lui demander son chemin. Le fond présente, en deçà de hautes montagnes qui se perdent à l'ho-rizon, une forteresse ayant à sa base un moulin à eau mu par la rivière ; forteresse s'accédant par un che-min tortueux et escarpé, aboutissant, au bas de la

gauche, où se voit un bouquet de gros arbres. Elle
paraît être isolée, par une muraille, d'une campagne
aride qu'offre le fond de la gauche.

Dans la marge, de ce dernier côté : *D. Colandon
in fecit*.

Largeur : 6 po. 1 l. Hauteur : 4 po. 3 l.

On connaît trois états de cette planche :
I. C'est celui décrit.
II. Avec l'adresse de *N. Robert*.
III. Le nom du maître remplacé par celui de Perelle, ainsi
écrit : *Perel*, et celui de Robert, par le nom de *Chiquet*. De
plus, au milieu de la marge, on voit le n° 10, et, au haut de
la droite, la lettre *N*.

2. *Les deux Femmes et l'Enfant*.

Au bord d'un chemin, qui serpente de la droite,
où se voit un bouquet de quatre gros arbres, jusqu'au fond, vers la gauche, à l'entrée d'une forteresse, assez semblable à celle de la pièce qui précède,
sont assises deux femmes, au milieu du bas, l'une,
sur une pierre, faisant une indication vers la gauche,
où elle se retourne, l'autre, à côté de cette pierre,
ayant près d'elle son jeune enfant, qui semble lui
parler. Le fond de la gauche présente une haute
montagne aride, en deçà de laquelle, sur un coteau,
on aperçoit un berger gardant son troupeau.

Dans la marge, à droite, *D. Colandon in fecit*,
comme nous le rapportons n° 42.

Largeur : 8 po. 6 l. Hauteur : 6 po. 5 l.

ANTOINE RIVALZ.

Fils de Jean-Pierre Rivalz, peintre et architecte à Toulouse, cet artiste naquit en la même ville, en 1667. Il fut disciple de son père; mais, impatient de se perfectionner, il vint de bonne heure à Paris, et ne tarda pas à voler à Rome, où il commença à peindre d'invention avec tant de savoir et de succès, qu'il fut couronné au Capitole, des mains du cardinal Albani, qui devint pape sous le nom de Clément XI.

Depuis lors, jusqu'à sa mort, arrivée dans sa ville natale, en 1735, il produisit une multitude d'excellens ouvrages, dont M. d'Argenville nous a conservé la liste.

Nous devons à sa pointe spirituelle et énergique les estampes que nous allons décrire. Il paraît, quoi qu'en dise Basan, que ce ne sont pas les seules qu'il ait mises au jour; car M. d'Argenville parle encore d'un petit sujet allégorique, et MM. Huber et Rost, d'un martyre de saint Symphorien; mais nous n'avons jamais pu rencontrer ces pièces.

OEUVRE

D'ANTOINE RIVALZ.

1 A 4. SUITE DE 4 VIGNETTES NON NUMÉROTÉES,
*Ornant le Traité sur la Peinture de Pierre du Puy du Grez,
avocat, imprimé à Toulouse en 1699.*

Hauteur : 6 p. Largeur : 4 po. 2 à 3 l.

1. L'Imagination, sous les traits de Minerve, est sur un nuage à droite, prêtant la main à la Muse de la peinture, qui se voit, au milieu, foulant aux pieds le Temps. Elle la présente à la mère des Graces et de la Beauté, descendue de son char au milieu du haut, laquelle fait à la Muse une indication vers l'Empyrée ; le dieu de la lumière et de l'harmonie, assis au haut de la gauche, joue de la lyre, et le dieu de l'éloquence semble descendre à gauche pour y charmer le Temps.

Dans le coin bas de la droite, on lit, en caractères retournés : *A. Riualz Tolosas in. et incidebat romæ* 1695, comme nous le figurons n° 43.

2. La même Muse, accompagnée des Génies des trois arts, s'entretenant avec Minerve, au milieu de l'estampe, en avant du temple de la Déesse, qui occupe le fond de la composition. Le Génie de la

peinture vole au haut de la droite, en supportant sa
palette et ses pinceaux, et semble se diriger dans le
temple; les deux autres Génies se voient debout, au
bas de la droite ; celui de la sculpture regarde son
maillet, et celui de l'architecture tient une règle.

A gauche, sur une marche, en lettres retournées :
A Riualz Jn. et incidit.

3. La même Muse est livrée à la méditation.
Elle est debout, au milieu de l'estampe, qui représente
l'intérieur d'un cabinet d'étude, où se voit une bibliothèque nombreuse, tenant d'une main son crayon,
et de l'autre un album, et prêtant une oreille attentive aux conseils de Minerve, qui plane derrière elle.
Les attributs des trois arts se voient étendus à terre
et sur les meubles.

Sur la couverture d'un livre, au bas de la droite,
en lettres retournées : *A Riualz Tolosas Jn et incidebat.*

4. Assise dans un parterre, au milieu de l'estampe,
la Muse est à son chevalet, prête à peindre Junon,
qui lui apparaît au haut de la gauche. Un vase,
forme Médicis, se voit à droite.

Sur le soubassement du vase, en lettres retournées : *A. Riualz Jn et incidebat.*

5. *Allégorie à la mémoire du Poussin.*

Mère de la Justice et de la Vertu, la Vérité, tenant
d'une main un flambeau, et de l'autre un glaive,
ayant à sa droite l'Enthousiasme, portant un livre sur

lequel il finit d'écrire ces mots : **LIBER MEMORIÆ POVSSINVS**, descend du haut de la droite, et chasse l'Envie couronnée de serpens, l'Ignorance aux oreilles d'âne, et la Nuit aux vastes ailes, qui semble encore commander aux ténèbres environnantes ; toutes ennemies des arts et des sciences. Les Muses des trois arts environnent la Déesse de la Beauté. Au bas de la gauche, Psyché, appuyée sur une bêche, figurant le travail où l'ame trouve du loisir pour la méditation, se voit debout derrière les Muses, à côté du dieu de l'éloquence, aux formes juvéniles, et nu, qui lui montre le triomphe de la Vérité. Cette scène se passe en avant d'un temple d'ordre corinthien, qui occupe le fond de l'estampe, et qui est supposé érigé en l'honneur du grand homme.

Sur une marche, au bas de la gauche : *A. Riualz deli et incide. Romæ anno* 1700, tel que nous le rapportons n° 44.

Dans une grande marge, au bas, se trouve l'empreinte d'une planche séparée, sur laquelle on lit, en deux colonnes, l'une à gauche, l'autre à droite, les deux strophes ci-après :

Nequicquam Jnuidiæ juncta jgnorantia, Vilj
Puluere, Poussini Corpus et ossa tegunt
Discutit jndignans Umbrasque repellit jnanes
Virtus, a tenebris Vindicat jlla Suos :

Jam meritos famæ templis assertus honores
Accipit, ingenuis dotibus ille micat
Et Sacros, Libro æterno Uenerata Labores,
Jllius Jnscriptum Gloria Nomen habet.

A. L. L. B.

Entre ces deux strophes, on lit, en une colonne :

Illustrissimo et Colendissimo Domino
Andreæ Ludouico Le Brun (1)
Hoc opus omni studio et Cura Expressum,
Tam quam animi pignus et suæ erga cum gratitudinis
Monumentum offerebat.
humillimus et obseq.^mus Seruus Anto.^us Rivalz Tolosas Romæ
Anno 1700.

Largeur : 13 po. 3 l. Hauteur : 11 p., non compris la marge, qui porte 2 po. 1 l.

---

(1) M. d'Argenville et, d'après lui sans doute, MM. Huber et Rost, disent que notre artiste a dédié cette pièce au célèbre Le Brun, nomme par inadvertance André-Louis dans cette dédicace. Évidemment ces auteurs se sont trompés ; Charles Le Brun était mort depuis 1690, et Rivalz la dédia réellement au poëte, inconnu, qui fit les vers qu'on vient de lire, lequel s'associa, par ces vers, à l'hommage que l'artiste voulut rendre aux mânes du Poussin.

ROBERT-DE-SERI.

Paul-Ponce-Antoine Robert-de-Seri naquit à Paris, vers 1680, et mourut en la même ville, entre les années 1737 et 1740.

Élève de Cazes, il fut plus heureux que son maître ; il vit l'Italie. Pendant plusieurs années de séjour à Rome, il perfectionna son talent au point que, de retour à Paris, il devint pensionnaire du cardinal de Rohan, avec le brevet de peintre de son éminence.

La nef de l'église des Capucins du Marais, à Paris, était décorée de plusieurs de ses tableaux, qui représentaient des sujets de la vie de la Vierge, et, le 24 décembre 1730, les capucins de la rue Saint-Honoré exposèrent, dans leur église, un autre tableau de lui, qui représentait le martyre de saint Fidèle de Simeringue, religieux de leur ordre.

Il paraît qu'il avait un amour-propre excessif, car Piganiol de la Force nous dit, tout en constatant son habileté, « qu'il aurait été le premier peintre du » monde, si ses talens avaient répondu à la bonne » opinion qu'il avait de lui-même. »

Après la publication du 1er volume *du Cabinet Crozat*, auquel il concourut par ses travaux, il fut mis, par ce célèbre amateur, à la tête de l'entreprise du second volume ; mais notre artiste mourut, n'y ayant encore que 42 planches gravées de ce second volume, qui devait en contenir 110.

Robert-de-Seri fut graveur à l'eau-forte et en manière noire ; nous lui devons, dans ces deux genres, les pièces dont nous allons offrir la description ; elles sont toutes de la plus grande rareté.

OEUVRE

DE

ROBERT–DE–SERI.

EAUX–FORTES.

1°. D'APRÈS SES COMPOSITIONS.

1. *Loth et ses Filles.*

Ils sont assis, au milieu de l'estampe, le père entre ses filles, tenant d'une main sa coupe, et appuyant l'autre sur l'épaule de celle des deux filles, qui se voit à gauche, à laquelle il sourit. Le fond présente une vallée, dont les rives sont formées de rochers immenses.

Sur la terrasse, à droite, *P. P. A. Robert de Serif,* comme nous le rapportons n° 45.

Et dans la marge : *Dederunt itaque Patri suo bibere Vinum.*

Hauteur : 5 p. 2 l., y compris 2 l. de marge. Largeur : 4 po.

2. *Jupiter et Antiope.*

Antiope est couchée, au milieu de l'estampe, à l'entrée d'une forêt, le buste nu reposant au bas de la gauche. Jupiter, transformé en satyre, se voit, au fond du même côté, se tenant d'une main à un arbre, et faisant de l'autre des gestes à des bacchantes, qui folâtrent au fond de la droite, où l'on voit la mer en perspective.

Sur la terrasse, au milieu, 1723. *P. P. A. Robert de Seri f.*

Largeur : 5 po. 3 l. Hauteur : 3 po. 9 l.

3. *Femme vue en buste.*

Une femme de distinction se voit au milieu de l'estampe, tête nue, de face et regardant à droite, appuyée, les deux bras croisés, sur le parapet de la terrasse d'un parc, qui occupe le fond. Pièce d'infiniment de goût et d'un effet charmant.

Dans la marge, à gauche : *P. P. A. Robert de Seri fec. Rom.* 1723.

Hauteur : 5 po. 2 l., y compris 3 l. de marge. Largeur : 3 po. 10 l.

4. *Le Banquier.*

Sur une place publique, animée dans le lointain de plusieurs personnes, et que décorent des monumens d'une riche architecture, on voit, au bas de la gauche, un banquier richement vêtu, auquel paraît en conter une espèce de courtisane ; devant lui, à la table où il paraît assis, deux hommes sont occupés, l'un, au milieu, à compter des espèces ; l'autre, au bas de la droite, à tenir des écritures. Deux autres femmes, paraissant d'intelligence avec la première, se voient debout derrière le banquier. Un septième personnage, nu-tête, en robe de chambre, est debout au delà du teneur de livres, et semble faire, au banquier, une indication de la main droite, élevée vers le fond de la droite.

Sur l'un des feuillets tenus par l'écrivain, on lit : *fecit* 1728.

Largeur : 8 po. 3 l. Hauteur : 5 po. 9 l. ?

5. *Les Joueurs de Cartes.*

Trois enfans, vus à mi-corps, deux garçons et une fille, jouent aux cartes, debout, près d'une table, dans une chambre basse, éclairée sur une cour par un châssis, garni de barreaux, au fond de la droite. Le plus âgé des garçons, étant à droite et tourné à gauche, tout en tenant son jeu, regarde la fille, qui, placée du côté opposé, regarde attentivement son jeu, dont elle détache une carte qu'elle va abattre ; le plus jeune est au bas de la gauche, et semble montrer son jeu au spectateur qu'il regarde. Pièce sans marque.

Largeur : 11 po. Hauteur : 8 po. 1 l.

———

2°. D'APRÈS LES DESSINS DE DIFFÉRENS MAITRES.

(Raphaël.)

6. *La Vierge à la Chaise.*

Vierge assise sur une chaise, à droite, vue de profil, et regardant son divin fils, qu'elle presse de ses bras, lequel est debout, à gauche, et vu de face.

Au bas de la gauche : *R. V. in ;* et, de la droite : *P P A. Robert. S.* 1729, comme nous le figurons n° 46.

Hauteur : 5 po. 8 l. Largeur : 4 po. 9 l.

Cette pièce, presqu'au trait, comme les suivantes, paraît avoir été faite pour l'établissement d'un camaïeu que nous ne connaissons pas.

7. *Jésus-Christ donnant les clefs à saint Pierre.*

Notre Seigneur est debout, à droite, faisant une indication de la main élevée vers le fond du même côté, et se retournant du côté opposé, où saint Pierre se voit agenouillé en avant des autres apôtres qui, debout, occupent la gauche de l'estampe. Pièce sans marque.

Largeur : 13 po. 5 l. Hauteur : 8 po. 9 l.

8. *Études pour le tableau de l'école d'Athènes.*

Le sujet de cette pièce est la pose du modèle. Il est debout au milieu de l'estampe. Un groupe d'écoliers se voit à droite, et un seul est debout à gauche. Pièce sans marque.

Largeur : 13 po. 3 l. Hauteur : 10 p. 7 l.

(Barthélemi Ramenghi dit Bagnacavallo.)

9. *Saint Paul accompagné de deux Saintes.*

Tous trois sont debout, saint Paul au milieu. Une gloire d'anges plane au haut. Pièce sans marque.

Hauteur : 14 po. 6 l. Largeur : 10 po.

(Mathurin.)

10. *Sacrifices d'Élie et des prophètes de Baal.*

Les autels des sacrifices occupent le fond. Celui

d'Élie est à droite, et ce prophète se voit prosterné à sa base. L'autel des autres prophètes est au milieu; ils s'y voient, en différentes attitudes, sur le premier plan. Pièce sans marque.

Largeur : 12 po. 6 l. Hauteur : 6 po. 9 l.

———

(Baglioni.)

11. *Sainte Prisque baptisée par saint Pierre.*

Debout dans une église, sur les marches d'un autel, qui se voit à droite, l'apôtre regarde à gauche, où il lit, dans un livre, la main droite tendue, tandis que, de la gauche, il verse l'eau sainte sur la tête de la catéchumène, qui se voit prosternée au bas de la droite. Un grand concours de peuple anime cette scène. Pièce sans marque.

Hauteur : 13 po. 3 l. Largeur : 9 p. 6 l.

———

(Passari.)

12. *L'Assomption de la Vierge.*

La Vierge est assise, les bras ouverts, sur un nuage que supportent des anges. Des chérubins planent aux deux côtés et au milieu du haut où regarde la Vierge. Pièce ovale, en hauteur, et sans marque.

Diamètre de la hauteur : 9 po. 6 l. ; et de la largeur, 8 po. 6 l.

Nota. Les n°s 7, 8, 9, 10, 11 et 12 ont servi à l'établissement des camaïeux de Le Sueur, qui décorent le premier volume du Cabinet Crozat.

MANIÈRE NOIRE.

13. *La Nativité.*

La sainte Vierge est assise à droite, joignant les mains, et regardant son divin fils nouveau-né, qui repose dans la crèche à gauche. Saint Joseph, appuyé au fond de ce dernier côté, se penche pour regarder le Sauveur.

Dans la marge, à gauche : *P. P. A. Robert pin et sculp.* 1727; et, plus bas, au milieu : *Verbum Caro Factum est.*

Hauteur : 7 po. 11 l., y compris 1 po. de marge. Largeur : 5 po. 9 l.

On connaît deux états de cette planche :
I. Peu chargé de manière noire.
II. Très chargé de noir.

14. *Autre Nativité.*

L'enfant Jésus repose dans la crèche, à droite. A côté de lui, au milieu de l'estampe, sa sainte mère, agenouillée, l'adore. Saint Joseph, un genou à terre, derrière la Vierge, est saisi d'étonnement à l'apparition de chérubins descendant du haut de la droite. Un berger faisant signe, probablement à d'autres bergers, se voit en dehors de l'étable, au fond de la gauche.

Dans la marge, à gauche, sous le trait carré : *P. P. A. Robert pin et sculp.* 1727.

Et plus bas, en deux lignes : *Sereniss.° et Eminentiss.° Principi Arm. Gast. Card. de Rohan Patro-*

no...... *æri incisam offert D. D.*, et plus bas : *Hu-
mill. et obsequentiss. servus. P. P. A. Robert.*

Enfin, au bas de la marge, à droite, on lit encore :
*Le Tableau est dans le cabinet de Monsieur le
Comte de Morville Chevalier de la Toison d'or.*

Hauteur : 12 po. 1 l., y compris 16 l. de marge. Largeur :
8 po. 10 l.

Fautes essentielles à corriger.

Page 75, ligne 14, *au lieu de* trente-cinq, *lisez* trente-
quatre.

En effet, la pièce n° 27 doit être retranchée de l'œuvre,
comme n'appartenant en quoi que ce soit au maître.

Page 97, ligne 15, *après* la Loire-Inférieure, *lisez* ou à
Bressuire, département des Deux-Sèvres.

TABLE ALPHABÉTIQUE

DES NOMS DES PEINTRES ET DESSINATEURS DONT LES OEUVRES
SONT COMPRIS DANS CE PREMIER VOLUME.

BIBLIOTHÈQUE ROYALE

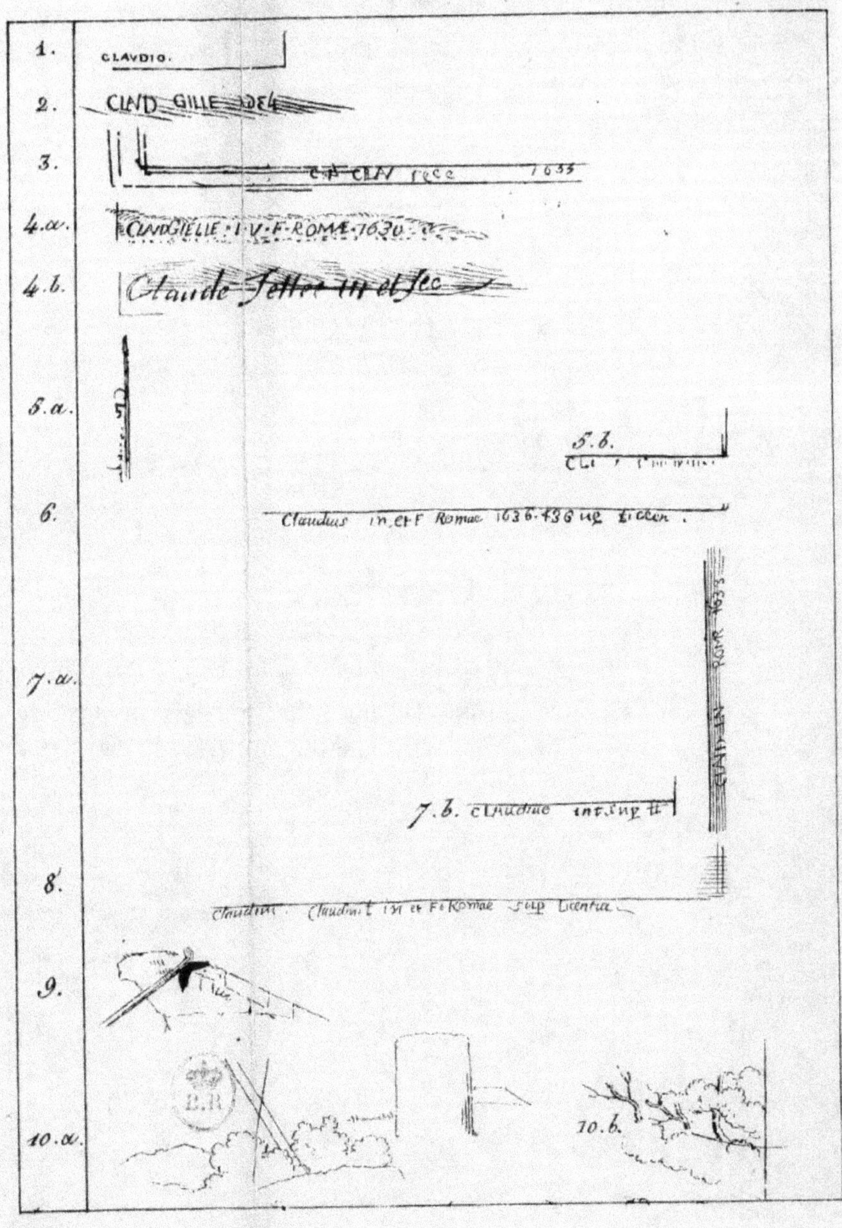

1. CLAVDIO.
2. CLND GILLE IDE4
3. C# CLAV fece 1635
4.α. CLNDGIELLE·IVF·ROMÆ·1630
4.b. Claude Jellee in et fec
5.α.
5.b.
6. Claudius in et f Romæ 1636.736 ue Licken
7.α.
7.b. Claudius inf Sng fl
8. Claudius. Claudin t in et F Romæ fup Licentia
9.
10.α. 10.b.

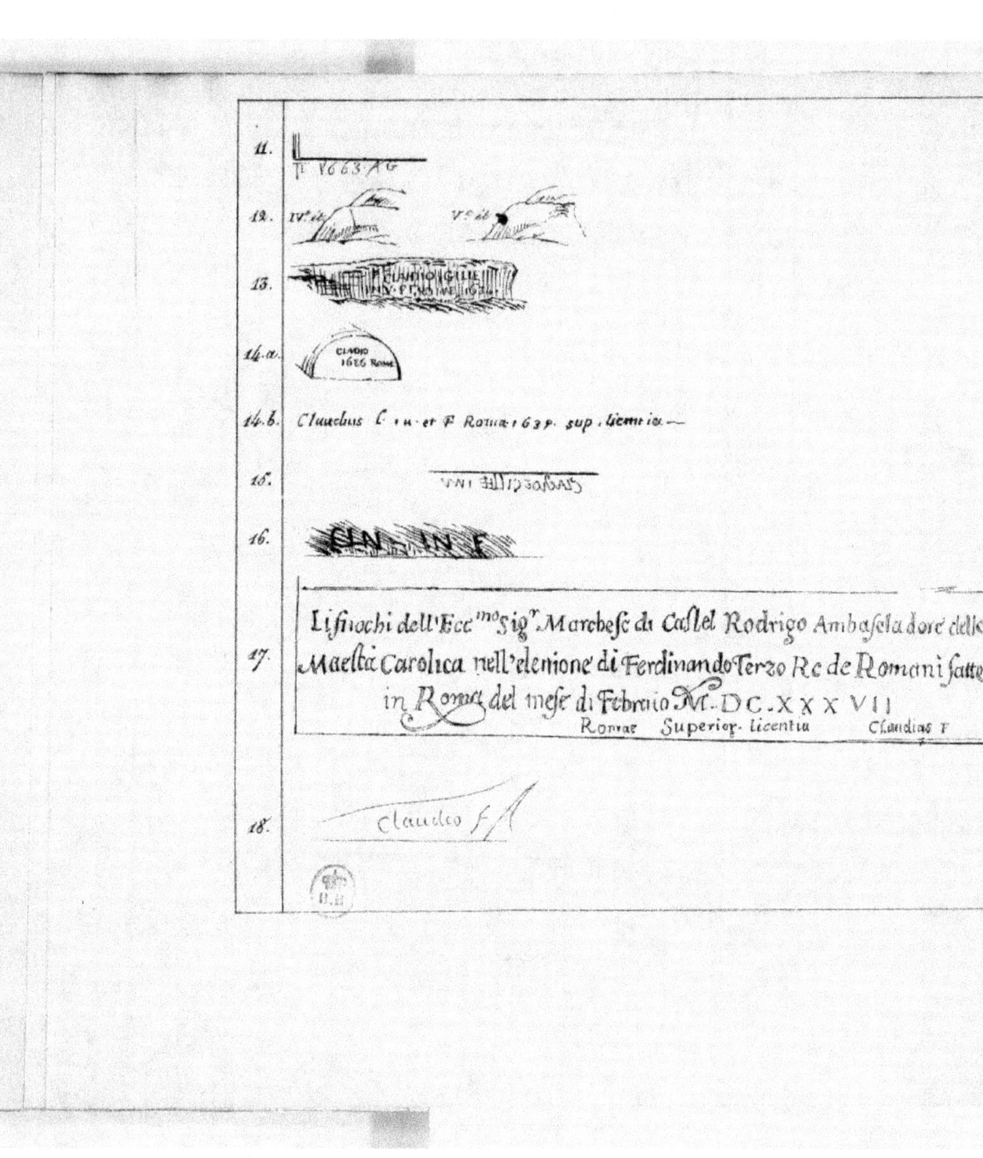

11.
12. IV. in.
13.
14.a. CLAVDIO 1686 Rome
14.b. Claudius C. in. et F. Romæ 1639. sup. licentia —
15.
16.
17. Li fuochi dell'Ecc.mo Sig.r Marchese di Castel Rodrigo Ambasciadore della Maestà Catolica nell'eletione di Ferdinando Terzo Re de Romani fatte in Roma del mese di Febraio M.DC.XXXVII
Romae Superior. licentia Claudius F.
18. Claudio F.

19.	H⁹ Mauperche. in . fecit . Cum . Priuilegio . Regis .
20.	H. Mauperche : in. fecit Cum . priuilegio . Regis .
21.	L de La Hyre, in, & Sculp. Cum . pr. Regis .
22.	LH.
23.	LH.
24.	LH
25.	Le . Boullongne in et fecit
25.bis	L Bo paris fe . Roma
26.	S . Bourdon I et f
27.	[illegible]
28.	I Dauson
29.	D Is
30.	B Dubois In et excu 1648
31.	V . Plassard in et fe 1650
32.	. GC .
33.	IC
34.	Iaccomo Correze Fecit et inventor

35.	℈. dela Mare ffec. 16 50.
36.	Daret fec
37.	Dã
38.	Dar' f.
39.	R.ᵉ Dudot inuᵉˣ fe
40.	
41.	M in
42.	o. Cotandon in fecit.
43.	A Rinaldi fecit in ac incifione
44.	A Rualz deli et incide. Romæ anno 1700.
45.	PPA Robert de Serif
46.	P R Robert. s. 1729

B.R.

R215889

Bibliothèque nationale de France. Paris

Littérature et art

V-51722

Robert-Dumesnil, Alexandre-Pierre-François.
Le peintre-graveur français, ou Catalogue raisonné des estampes gravées par les peintres et les dessinateurs de l'école française.
- Paris : G. Warée, 1835. - 285 p..

www.ingramcontent.com/pod-product-compliance
Lightning Source LLC
LaVergne TN
LVHW052002060726
842528LV00002B/378